BLUE BOOK

智 库 成 果 出 版 与 传 播 平 台

财政发展蓝皮书
BLUE BOOK OF FISCAL DEVELOPMENT

国际财政发展指数报告
（2024~2025）

中央财经大学财经研究院／组织编写
林光彬　宁　静　等／著

社会科学文献出版社
SOCIAL SCIENCES ACADEMIC PRESS（CHINA）

图书在版编目（CIP）数据

国际财政发展指数报告 . 2024~2025 / 林光彬等著 .
北京：社会科学文献出版社，2025. 3. --（财政发展蓝
皮书）. --ISBN 978-7-5228-5024-5

Ⅰ. F811. 0

中国国家版本馆 CIP 数据核字第 20258LM171 号

财政发展蓝皮书

国际财政发展指数报告（2024~2025）

著　　者／林光彬　宁　静　等

出 版 人／冀祥德
组稿编辑／恽　薇
责任编辑／胡　楠　孔庆梅
文稿编辑／韩凝佳
责任印制／岳　阳

出　　　版／社会科学文献出版社·经济与管理分社 （010）59367226
　　　　　　地址：北京市北三环中路甲 29 号院华龙大厦　邮编：100029
　　　　　　网址：www. ssap. com. cn
发　　　行／社会科学文献出版社 （010）59367028
印　　　装／天津千鹤文化传播有限公司

规　　　格／开　本：787mm×1092mm　1/16
　　　　　　印　张：14　字　数：206 千字
版　　　次／2025 年 3 月第 1 版　2025 年 3 月第 1 次印刷
书　　　号／ISBN 978-7-5228-5024-5
定　　　价／138. 00 元

编　委　会

主　　　任　林光彬

副　主　任　宁　静　孙传辉

指导专家　王雍君　袁　东　童　伟　王卉彤

课题组成员　（按姓氏拼音排序）

曹明星　昌忠泽　陈　波　李向军　马景义

孙景冉　孙志猛　王立勇　张宝军　赵国钦

数据库团队　（按姓氏拼音排序）

黄欣枚　李心怡　李艳平　刘赫童　隋瀚锐

孙　源　孙素利　陶　然　王　格　魏传帅

杨文娟　张露琦　周昊宇

主要编撰者简介

林光彬　男，中共党员，经济学博士，二级教授，博士生导师。现任中央财经大学教务处处长、中国政治经济学研究中心主任，国家社会科学基金重大项目首席专家。兼任世界政治经济学学会常务理事，中华外国经济学说研究会理事，中国区域经济学会常务理事，中国社会科学院当代中国马克思主义政治经济学创新智库特约研究员，全国预算与会计研究会智库专家。主要研究方向为政治经济学、国家理论与市场理论、财政学理论、中国经济。在《人民日报》《光明日报》《经济研究》《管理世界》等报刊发表论文及文章100余篇。主持国家社会科学基金重大招标项目等10余项，获得省部级教学科研成果奖6项。

宁　静　女，中共党员，经济学博士。现任中央财经大学财经研究院副研究员、北京财经研究基地研究人员、财经指数研究中心主任。主要研究方向为财政分权、地方政府竞争、财政理论与经济增长。在《管理世界》、《世界经济》、《中国工业经济》、《经济理论与经济管理》、*Journal of Regional Science* 等国内外知名期刊发表学术论文10余篇。主持国家自然科学基金项目1项、北京市社会科学基金项目1项。

前　言

《国际财政发展指数报告（2024～2025）》分为总报告、指数篇和专题篇三个部分。总报告是对国际财政发展指数的比较研究，包括指标体系的构建说明、报告的主要结论、相应的政策建议。指数篇包含《财政发展综合性指数的国际比较》《财政发展独立性指数的国际比较》。专题篇包含《应对经济数字化的国际税收改革发展报告》《俄罗斯应急财政管理制度研究》两篇专论。

本报告由首席专家林光彬领衔的研究团队集体创作。林光彬、王雍君、宁静、孙传辉、赵国钦、陈波等共同完成了财政发展指标体系的构建；总报告由宁静主笔，林光彬审读修改；《财政发展综合性指数的国际比较》《财政发展独立性指数的国际比较》由宁静主笔，林光彬审读修改；专题报告《应对经济数字化的国际税收改革发展报告》由何杨、陈依珑主笔，林光彬审读修改；《俄罗斯应急财政管理制度研究》由童伟、齐凤主笔，林光彬审读修改。中央财经大学财经研究院和经济学院的博士及硕士研究生魏传帅、刘赫童、李心怡、李艳平、孙源、王格、张露琦、周昊宇等在数据资料搜集上付出了辛勤劳动，在此表示由衷感谢。

我们希望通过构建国家财政发展指标体系，形成世界主要国家财政发展指数的研究报告，通过国家间横向比较，能够更为全面、客观、准确地反映我国财政发展的典型特征和问题，为财政工作者和所有关注我国财政发展的居民提供一份有价值的参考资料。正如我国财政不断地发展和进步，我们的国际财政发展指标体系和研究报告也将不断调整和完善，以更好地服务于我国财政的发展。由于种种原因，研究报告还有很多不尽如人意的地方，希望各位读者和专家继续提出宝贵意见，帮助我们在今后的工作中进一步完善。

摘　要

　　《国际财政发展指数报告（2024～2025）》由中央财经大学二级教授、国家社会科学基金重大项目首席专家林光彬领衔的研究团队撰写。旨在通过国际比较研究，为完善和提升国家财政治理体系与治理能力做一些基础性、战略性、趋势性的支撑工作。

　　本报告根据国家财政活动的运行特征和规律，在传统财政研究收、支、平、管分析范式的基础上，把财政活动由表及里、由浅到深进一步归纳提炼为财政运营、财政稳定、财政均等、财政治理和财政潜力五个方面，并根据这五个方面进行指标构建，把这五个方面作为财政发展指标体系的一级指标。这是一种新的财政分析范式，也是我们的一次探索性尝试。其理论逻辑是财政目标与财政手段的匹配。财政发展的核心目标包括这样三个层次：第一层的促进增长、保持稳定，第二层的促进均等、提高政府效能，第三层的培植财源、实现国家战略目标。相应地，财政运营指数联结促进增长目标，财政稳定指数联结保持稳定目标，财政均等指数联结促进均等目标，财政治理指数联结提高政府效能和实现治理目标，财政潜力指数联结培植财源和实现国家战略目标。以上对财政活动的分类分析，按照目标导向的框架和分类，可以满足既无重复又无重大遗漏这样的基本要求，也可以最合逻辑、最易解释清楚地构建目标，同时也契合党的"财政是国家治理的基础和重要支柱，科学的财税体制是优化资源配置、维护市场统一、促进社会公平、实现国家长治久安的制度保障"的重要指导思想。

　　本报告以中国特色财政理论为核心指导思想，同时借鉴西方经典财政理

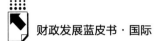
论思想，构建了国际财政发展指标体系，并且测算了 15 个主要国家的财政发展指数。财政发展综合性指数的国际比较研究显示，2017~2021 年中国财政发展总指数呈现波动中下降的趋势，排名在第 7~11 名波动。其中财政运营指数排名下降明显，指数值呈现逐年下降的趋势；财政稳定指数排名靠后，指数值呈现波动中下降的趋势；财政均等指数排名居中，指数值呈现缓慢上升的趋势；财政潜力指数 2020~2021 年排名靠前，指数值呈现上升的趋势。财政发展独立性指数的国际比较研究显示，中国财政收支的绝对规模最大，人均财政收支水平较低但是增长较快；小、中、大口径下中国宏观税负水平都较低，并且自 2019 年起持续下降；中国财政恩格尔系数较小，民生支出密度的水平虽低但增长较快；中国的财政赤字水平较高且呈现逐年上升的趋势；中国负债率、债务率和债务成本均较低但呈现上升的趋势，地方政府隐性债务风险不容忽视。

根据财政发展指数的国际比较研究，本报告认为，中国在基本确立现代财政制度框架以后，主要面临财政收支规模增速放缓、财政赤字与债务风险增加、财政制度不够完善等问题与挑战。针对这些挑战，本报告认为，中国未来应该优化财政收支结构以提升财政收支效率，建立科学可量化的财政风险预警机制，完善财政制度以提升财政治理水平。

关键词： 财政发展指数　国际比较　综合性指数　独立性指数

目 录 ⟩

I 总报告

II 指数篇

III 专题篇

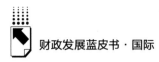

财政发展蓝皮书·国际

皮书数据库阅读**使用指南**

总 报 告

B.1

财政发展指数国际比较与中国改革对策

宁 静 林光彬*

摘 要： 本报告在构建国际财政发展指标体系基础上，利用国际组织公开数据库的数据，测算了世界 15 个主要国家的财政发展指数，并且分别基于综合性指数和独立性指数开展了国际比较。本报告通过财政发展指数的国际比较研究发现，中国财政发展当前及未来面临财政收支规模增速放缓、财政赤字与债务风险增加、财政制度不够完善等主要挑战。针对这些挑战，本报告提出中国应该优化财政收支结构以提升财政收支效率、建立科学可量化的财政风险预警机制、完善财政制度以提升财政治理水平等改革对策建议。

关键词： 财政发展指数 国际比较 综合性指数 独立性指数

* 宁静，经济学博士，中央财经大学财经研究院副研究员、北京财经研究基地研究人员、财经指数研究中心主任，主要研究方向为财政分权、地方政府竞争、财政理论与经济增长；林光彬，经济学博士，二级教授，博士生导师，中央财经大学教务处处长、中国政治经济学研究中心主任，国家社会科学基金重大项目首席专家，主要研究方向为政治经济学、国家理论与市场理论、财政学理论、中国经济。

本报告在上一版国际财政发展指标体系的构建基础上，结合新冠疫情以来国际政治财经格局和国内社会经济的变化情况，对底层指标做出一些细微调整，测算了包括中国在内的 15 个世界主要国家的财政发展指数，并且对这 15 个国家财政发展指数的变化趋势与动态结构进行了详细的对比分析。通过国际财政发展指数的比较研究，本报告一方面将分析中国政府的财政行为与其他国家政府相比的优势及独到之处，另一方面将反思近年来中国财政治理相比于其他国家的不足之处，以期能够提供一份充分反映我国财政动态发展情况的数据分析报告。

一 国际财政发展指标体系

（一）国际财政发展指标体系构建的理论逻辑

1.财政发展的定义与目标

财政，是指国家通过设立一个政府部门集中一部分国民收入资金，用于满足社会公共需要、实现国家职能的一系列收支活动，以实现资源优化配置、收入公平分配、经济稳定发展等一系列宏观经济社会的调控目标。发展，根据发展经济学理论，是指不仅要实现数量上的增长，还要追求质量上的提升。根据中国科学发展观的定义，财政发展的核心理念是以人为本，基本要求是全面协调可持续发展，根本方法是统筹兼顾。根据中国新发展理念的定义，财政发展需要统筹推进"创新、协调、绿色、开放、共享"五个方面。综上所述，财政发展的定义是指基于特定目标的政府财政政策或财政活动，不仅要追求财政收支规模合理适度，还要追求实现财政结构优化、人民福祉增加、管理体制创新、资金效率提高等多方面的财政质量提升，以最终实现财政高质量发展与国家发展战略目标。具体而言，基于中国古典财政理论、国家分配论、社会共同需要论、新时代中国特色财政理论等中国本土财政理论，参考马斯格雷夫"三大职能"理论、布坎南公共选择理论等西方经典财政理论，本报告认为中国财政发展的目标可分为以下五个层次：第一，财政部门利用财政收支手段实现资源优化配置，实现财政基本运营水平的提升；第二，财政政策与活动能实现自身收支平衡与稳定发展，从而有助于促进宏观经济稳定健康发展；第三，财政政策与财政行为坚持以人民为中心，有利于促进社会公共服务均等化，不断保障和提高民生水平；第四，加强财政资源统筹，创新财政管理方式和提高资金使用效率，提高财政行政效能，保证高质量地完成财政目标；第五，充分发挥财政在构建新发展格局中的引导带动作用，以"政"领"财"，集中财力办大事，为全面建设社会主义现代化国家提供财力保障，为巩固国体政体和实现国家战略目标提供基本手段。

2.财政发展指标体系构建的理论逻辑

本报告在构建财政发展指数国际指标体系时，既立足于中国基本国情，把中国财政理论作为核心指导思想，又适当考虑指标体系的国际适用性，借鉴西方经典财政理论的部分思想，力图构建一套对外可比、对内适用的财政发展指数国际指标体系。具体而言，本报告吸纳的古今中西的财政理论包括：（1）《周礼》《汉书》等中国古代典籍中提及的财政学说思想；（2）新中国成立以来中国当代财政学理论，例如国家分配论、国民经济综合平衡理论、新市场财政学等理论的财政思想；（3）新时代中国特色财政理论的思想，例如国家治理框架下的财政理论、财政可持续性理论、数字经济财政理论、财政金融相互协调理论等；（4）西方经典财政理论的核心思想，例如凯恩斯主义、马斯格雷夫"三大职能"理论、布坎南公共选择理论等。这些理论与学说为本报告奠定了科学坚实的理论基础，同时也增强了财政发展指数的国际可比性与国际通用性。此外，本报告借鉴国际公法和中国宪法具体条款中涉及公共服务的内容，以增强财政指数在国际社会发展中的普遍适用性。

基于上述古今中西的财政理论，本报告根据国家财政活动行为的运行特征和规律，在传统财政研究收、支、平、管分析范式的基础上，把财政活动由表及里、由浅到深进一步归纳提炼为财政运营、财政稳定、财政均等、财政治理和财政潜力五个方面，并根据这五个方面进行指标构建，把这五个方面作为财政发展指标体系的一级指标。其理论逻辑是财政目标与财政手段的匹配。财政发展的核心目标包括这样三个层次：第一层是促进增长、保持稳定，第二层是促进均等、提高政府效能，第三层是培植财源、实现国家战略目标。相应地，财政运营指数联结促进增长目标，财政稳定指数联结保持稳定目标，财政均等指数联结促进均等目标，财政治理指数联结提高政府效能和实现治理目标，财政潜力指数联结培植财源和实现国家战略目标。以上对财政活动行为的分类分析，按照目标导向的框架和分类，可以满足既无重复又无重大遗漏的基本要求，也可以达到最合逻辑、最易解释清楚的构建目标。同时，契合党的十八届三中全会《中共中央关于全面深化改革若干重大问题的决定》中"财政是国家治理的基础和重要支柱，科学的财税体制是优化资源配置、维护市场统一、促进社会公平、实现国家长治久安的制度保障"的重要指导思想。

在具体指标的设计层面，考虑到指标的测算公式、数据获取等量化分析技术问题，本报告创新性地设置了综合性指数、独立性指数和前瞻性指数三大模块。（1）一些指标彼此之间有较强的相关性，在这种情况下，我们从相关性较强的指标中选择一个最合适的指标放入综合性指数指标体系，将剩余有重要表征意义的指标放入独立性指数指标体系。这样做既可以保证综合性指数测算过程的科学性，又可以确保不遗漏重要的财政数据信息。（2）有些重要指标不具有单调性，无法判断其产生影响效应的正负性方向，从而不能纳入综合性指数的指标体系进行排名。因此，只能将这一类没有明确正负性方向但又有重要表征意义的指标纳入独立性指数指标体系进行具体分析，例如本报告独有的财政恩格尔系数。（3）一些指标具有重要现实意义，但是现阶段缺乏数据支持从而无法测度其水平。因此，本报告将这些指标纳入前瞻性指数，阐述其财政重要性以及对现实的表征意义，同时对其测量方法与计算公式进行描述，待今后数据可以获取时再将其纳入综合性或独立性指数进行量化比较，例如财政运营方面的政府资产负债率指标、财政均等方面的地方教育差距指标、财政治理方面的财政透明度指标等。

（二）国际财政发展指标体系说明

基于上述财政发展的定义、目标及财政理论，本报告通过借鉴文献和咨询专家等方式，构建了国际财政发展指标体系。表1~表3列出了综合性指数、独立性指数和前瞻性指数的指标框架、具体名称和测算公式。

表1　国际财政发展综合性指数（加权测算并排名）

总指数	一级指标	二级指标	三级指标	
			指标名称	具体定义
财政发展指数	财政运营指数	收入结构指数	税收集中度	税收收入/财政总收入×100%
			债务依赖度	新增政府债务收入/财政总收入×100%
		支出结构指数	国家安全支出	（国防支出+安全稳定支出）/财政总支出×100%
			民生性支出	（教育支出+医疗支出+社会保障与就业支出+住房与社区支出）/财政总支出×100%
			经济性支出	经济性支出/财政总支出×100%
		规模增长指数	收入增长率	（本年财政总收入−上年财政总收入）/上年财政总收入×100%
			支出增长率	（本年财政总支出−上年财政总支出）/上年财政总支出×100%
	财政稳定指数	财政赤字指数	财政赤字率	（财政总支出−财政总收入）/GDP×100%
			财政赤字率波动	财政赤字率近5年数值的标准差
		债务风险指数	短期偿债能力	政府金融资产/政府当年利息支出×100%
			债务增长空间	GDP增长率−政府债务余额增长率
	财政均等指数	教育均等指数	中学教育普及度*	接受中等教育的在校学生数/适龄人口×100%
			公立校生师比	对公立小学、初中、高中的生师比（学生数/老师数）三个指标进行等权加总
		医疗均等指数	公立医院数	公立医院数/总人口（单位:家/万人）
			公立医疗床位数	公立医院床位数/总人口（单位:张/万人）
	财政潜力指数	人力资源指数	居民教育水平	一国居民的平均受教育年限（单位:年）
			研发人力水平	对研发人员数量、每百万人中研发人员数量两个指标等权加总

续表

总指数	一级指标	二级指标	三级指标	
			指标名称	具体定义
财政发展指数	财政潜力指数	基础设施指数	基础设施水平*	2016年及以前:对机场密度、互联网覆盖率两个指标等权加总 2018~2019年:采用世界经济论坛发布的《全球竞争力报告》中的基础设施总分 2020年及之后:对瑞士洛桑国际管理发展学院(IMD)发布的《世界竞争力手册》中的传统型基础设施(Basic Infrastructure)和科技型基础设施(Technological Infrastructure)两个指标排名等权加总后进行无量纲化处理
		科技创新指数	研发投入水平	对R&D投入金额、人均R&D投入金额两个指标等权加总
			专利申请水平	对专利申请数、人均专利申请数两个指标等权加总
			学术成果水平	对发表论文总数、人均发表论文数两个指标等权加总
		营商环境指数	营商环境水平*	采用瑞士洛桑国际管理发展学院(IMD)发布的《世界竞争力手册》中的商业效率(Business Efficiency)指标值
			外商投资水平	外商直接投资金额/GDP×100%
		国际贸易指数	国际贸易水平	进出口总额/GDP×100%
			国际贸易顺差	(出口总额-进口总额)/GDP×100%

注:＊表示相比于《国际财政发展指数报告(2022)》,该指标的测算公式与数据来源发生了变化。需要说明的是,由于财政治理方面的相关指数缺乏现实数据支撑,因此在本报告中其被列为前瞻性指数,待今后可获取数据后再加以测算。

表2　国际财政发展独立性指数(单独图表展示并排名)

序号	指标		具体定义
1	财政运营方面	财政收入水平	绝对财政收入水平:中口径为财政总收入-社保基金收入;大口径为财政总收入 人均财政收入水平:中口径为(财政总收入-社保基金收入)/总人口;大口径为财政总收入/总人口

序号	指标		具体定义
2	财政运营方面	财政支出水平	绝对财政支出水平:中口径为财政总支出-社保基金支出;大口径为财政总支出 人均财政支出水平:中口径为(财政总支出-社保基金支出)/总人口;大口径为财政总支出/总人口
3		宏观税负水平	小口径:税收收入/GDP×100% 中口径:(财政总收入-社保基金收入)/GDP×100% 大口径:财政总收入/GDP×100%
4		财政恩格尔系数	(国防支出+安全稳定支出+教育支出+医疗支出+社会保障与就业支出)/财政总支出×100%
5		民生支出密度	(教育支出+医疗支出+社会保障与就业支出+住房与社区支出)/总人口
6	财政稳定方面	财政赤字水平	中期财政赤字:中口径为近3年中口径财政赤字率的平均值,中口径财政赤字率为[(财政总支出-社会保障基金支出)-(财政总收入-社会保障基金收入)]/GDP×100%;大口径为近3年大口径财政赤字率的平均值,大口径财政赤字率为(财政总支出-财政总收入)/GDP×100%
7			基本财政赤字:中口径为(扣除社会保障基金支出的财政支出-扣除社会保障基金收入的财政收入-政府利息支出)/GDP×100%;大口径为(财政总支出-财政总收入-政府利息支出)/GDP×100%
8			结构性财政赤字:财政赤字率-周期性财政赤字率(利用hp滤波法,剔除经济周期波动造成的财政赤字)。中口径财政赤字率为[(财政总支出-社会保障基金支出)-(财政总收入-社会保障基金收入)]/GDP×100%;大口径财政赤字率为(财政总支出-财政总收入)/GDP×100%
9		财政自给率	中口径:(财政总收入-社保基金收入)/(财政总支出-社保基金支出)×100% 大口径:财政总收入/财政总支出×100%
10		社会保障基金收支缺口	(社会保障基金当年支出-社会保障基金当年收入)/社会保障基金当年收入×100%
11		政府债务水平	负债率:政府债务余额/GDP×100% 扣除流动资产的负债率:(政府债务余额-金融资产)/GDP×100%
12			债务率:政府债务余额/财政总收入×100% 扣除流动资产的债务率:(政府债务余额-金融资产)/财政总收入×100%
13			债务成本:中口径为政府利息支出/(财政总收入-社会保障基金收入)×100%;大口径为政府利息支出/财政总收入×100%

表3　国际财政发展前瞻性指数（暂无数据支持，仅供决策参考）

序号	指标		具体定义
1	财政运营方面	政府资产负债率	（政府显性债务+隐性债务）/政府资产规模×100%
2		政府资产规模	政府拥有的各项资产总计，包括现金、存款、有价证券、股权投资、固定资产等
3		流动性资产占比	政府金融资产/政府资产规模×100%
4		短期偿债压力	未来1年的还本付息额/财政总收入×100%
5		债务期限结构	政府短期、中期、长期各个期限债务的占比情况
6		债务平均利率	政府债务的平均利率水平，反映政府的利息负担以及市场对政府信用的评价
7		隐性或有债务	（隐性债务+或有债务）/GDP×100%
8	财政稳定方面	养老保险基金收益	基本养老保险基金的年投资收益率
9		财政积累水平	资本性支出/财政总支出×100%。资本性支出为形成政府固定资产以及国家和社会长期资产或财富的财政支出
10		政府外债水平	政府外债余额/政府债务余额×100%
11	财政均等方面	地方教育差距	各国的地方政府在教育投入经费上的标准差
12		地方医疗差距	各国的地方政府在医疗投入经费上的标准差
13		养老保险覆盖率	养老保险参保人数/总人口×100%
14		医疗保险覆盖率	医疗保险参保人数/总人口×100%
15		税收均衡效果	税前收入差距（基尼系数或帕尔玛比值）/税后收入差距（基尼系数或帕尔玛比值）
16	财政治理方面	财政透明度	政府财政信息的公开透明度，包括政府财政收入、支出、资产、债务等信息的公开情况
17		财政支出效率	从投入与产出的角度，综合评估财政支出的效率
18		国库支付能力	国库资金的运转效率与支付效率，用以衡量国库管理水平

　　此处需要进一步说明的是，相较于《国际财政发展指数报告（2022）》，《国际财政发展指数报告（2024~2025）》对国际财政发展指标体系构建做了如下修改与调整。

　　第一，在二级指标"教育均等指数"下，原本的三级指标为"高中教育普及度"，数据来源为世界银行官网Education Statistics数据库里的高中入学率指标（Upper Secondary School Enrollment，%）。但是，该数据库的高中入学率指标在2020~2021年未发生任何更新。因此，本报告将数据来源更换为世界银行另一个 World Development Indicators 数据库里的中学入学率指标（Secondary School Enrollment,%），同时将三级指标名称修改为"中学教育普及度"；

第二，在二级指标"基础设施指数"下，三级指标"基础设施水平"原本采取世界经济论坛发布的《全球竞争力报告》中的基础设施总分数据来度量。然而，2020 年以后世界经济论坛不再发布《全球竞争力报告》。因此，本报告选取瑞士洛桑国际管理发展学院（IMD）发布的《世界竞争力手册》中的传统型基础设施（Basic Infrastructure）和科技型基础设施（Technological Infrastructure）两个指标，对二者排名等权加总后进行无量纲化处理，用以度量 2020~2021 年 15 个国家的基础设施水平。

第三，在二级指标"营商环境指数"下，三级指标"营商环境水平"原本采取世界银行发布的《全球营商环境报告》中的营商环境综合指数。然而，2020 年以后世界银行不再发布《全球营商环境报告》。因此，本报告选取瑞士洛桑国际管理发展学院（IMD）发布的《世界竞争力手册》中的商业效率（Business Efficiency）这一指标，来度量 2020~2021 年 15 个国家的营商环境水平。

第四，在二级指标"科技创新指数"下，上一本报告原本设置了三级指标"科研机构水平"，并且采取世界经济论坛《全球竞争力报告》中的科研机构质量（Research Institution Prominence）数据来度量。但是，由于 2020 年以后世界经济论坛不再发布《全球竞争力报告》，且笔者暂时无法找到其他类似的可替代指标，因此本报告不再使用"科研机构水平"作为三级指标。

（三）国际财政发展指数的测算方法

1. 财政发展综合性指数

对于财政发展综合性指数，为了统一各个指标之间的量纲从而能够加总计算各级指数，本报告首先对底层指标进行无量纲化处理。

参考大多数文献的做法，对正向指标进行无量纲化处理的公式为：

$$S_{it} = \frac{V_{it}^+ - V_{min,t}}{V_{max,t} - V_{min,t}} \times 100$$

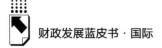
对负向指标进行无量纲化处理的公式为:

$$S_{it} = \frac{V_{max,t} - V_{it}^{-}}{V_{max,t} - V_{min,t}} \times 100$$

其中,S_{it} 为底层指标的标准化值(范围在 [0,100]),V_{it} 为第 i 个国家第 t 年指标的实际值,$V_{max,t}$ 为所有国家第 t 年指标的最大值,$V_{min,t}$ 为所有国家第 t 年指标的最小值。

我们利用等权法为底层指标赋权,基于如下公式得到上一级指标:

$$F_{jt} = \sum_{i=1}^{k} S_{it} \times W_i$$

其中,W_i 为指标的权重,本报告借鉴国内外大部分文献的做法,采用了较为客观的等权法来赋权,各级指标的具体权重可参阅 B2 报告结尾处的附表 1。F_{jt} 为上一级指标,k 为上一级指标所包含的下一级指标的个数。同样地,笔者逐级对每一级指标进行赋权相加,依次得到二级指标、一级指标和总指数。如果某国的二级或三级指标因数据无法获取而缺失,则将该国缺失指标的权重平均赋给其他同级指标。

2.财政发展独立性指数

对于财政发展独立性指数,由于各项独立性指标用公式测算得出的原始数值能够更为直观地反映财政相关的现状和问题,更加具有现实表征意义,所以本报告直接使用各项独立性指标的原始数值进行制表与绘图,开展 15 个主要国家之间的财政状况比较分析。由于上文中表 2 已经列出各项独立性指标的测算方法与具体公式,此处不再赘述。

二　财政发展指数国际比较

在构建国际财政发展指标体系基础上,本报告通过搜集经济合作与发展组织(OECD)、世界银行(WB)、国际货币基金组织(IMF)等国际经济组织的公开数据库以及其他国际组织定期发布各类国际比较研究报告中的财经数据,对世界 15 个主要国家 2016~2021 年的财政发展指数进行了科学测算并且展开比较。① 接下来，本报告将从综合性指数、独立性指数两个方面，对 15 个主要国家的财政发展指数进行国际比较。

（一）综合性指数

1. 财政发展总指数

（1）中国财政发展总指数呈现波动中下降的趋势，排名在第 7~11 名波动。

中国的财政发展总指数在 2017 年取得最高分 48.40，排名第 7，随后两年逐渐下降到第 11 名，在 2020 年短暂上升到第 8 名后，又在 2021 年下降到第 10 名（见表 4）。中国财政发展出现这种变动趋势一方面是因为受到经济下行、三期叠加、中美贸易战等国内外宏观经济大环境的影响，另一方面是由于 2020 年以来新冠疫情对经济活力和政府财力造成冲击。

表 4　2017~2021 年财政发展总指数和排名的国际比较

国家		2017 年		2018 年		2019 年		2020 年		2021 年	
		指数值	排名	指数值	排名	指数值	排名	指数值	排名	指数值	排名
发达国家	澳大利亚	70.870	1	63.828	1	51.758	7	62.763	1	60.141	1
	德国	61.544	2	59.572	2	62.258	1	57.996	3	52.362	2
	韩国	59.548	4	55.484	4	55.334	2	59.367	2	52.047	3
	加拿大	59.915	3	56.319	3	54.537	3	47.903	6	50.926	4
	法国	53.064	6	52.260	6	53.406	5	50.102	5	47.219	5
	英国	57.990	5	55.379	5	54.236	4	47.511	7	45.881	6
	日本	46.910	10	47.518	7	53.368	6	53.034	4	42.790	8
	美国	46.911	9	36.570	12	42.717	10	39.449	11	38.566	11
	意大利	47.064	8	46.941	8	43.959	8	38.206	12	37.381	12
发展中国家	南非	37.743	13	30.769	13	32.051	14	38.205	13	44.840	7
	俄罗斯	37.862	12	40.104	10	43.082	9	32.794	14	40.635	9
	中国	48.401	7	42.707	9	41.548	11	45.425	8	40.570	10
	墨西哥	32.105	14	29.477	14	32.279	13	42.178	10	37.155	13
	土耳其	40.303	11	37.565	11	33.029	12	44.515	9	36.040	14
	巴西	8.788	15	19.882	15	22.183	15	30.738	15	35.989	15

① 结合一国的国际地位、与中国的可比性以及数据可获取性等因素，本报告从 G20 中选取了 15 个国家（澳大利亚、加拿大、法国、德国、意大利、日本、韩国、英国、美国、巴西、中国、墨西哥、俄罗斯、南非、土耳其）进行比较。G20 中，阿根廷、沙特阿拉伯、印度、印度尼西亚和欧盟在国际公开数据库中的数据缺失值多，故本报告未将这 5 个国家和国际组织纳入比较。

（2）2021 年中国财政潜力指数表现很好，而受新冠疫情影响，财政运营和稳定指数表现较差。

从表 5 可知，2021 年中国的财政运营指数表现最差，排在 15 个国家中的最后一名，财政稳定指数排在第 12 名，财政均等指数居于中游水平，排名第 10，财政潜力指数居于上游水平，排名第 2。在新冠疫情冲击后，中国政府始终坚持生命至上的宗旨，一方面加大疫情防控支出和保障民生支出，另一方面承受部分经济活动暂停造成的经济损失，导致财政支出大幅增加而财政收入的增幅有限，中央和地方政府只能通过增发债券的方式筹措资金，因而财政运营指数和财政稳定指数较低。在三级指标层面，税收集中度、债务依赖度、收入增长率、支出增长率、债务增长空间等指标表现变差，而民生性支出、财政赤字率波动、公立校生师比、公立医疗床位数等指标表现有所好转。但中国的财政潜力指数较高，排名比较靠前，说明人力资源、基础设施、科技创新、营商环境持续向好，中国财政仍有巨大发展潜力。

表 5　2021 年各国财政发展总指数及其一级指标排名

国家		2020 年总排名	2021 年总排名	排名变动	2021 年总指数	财政运营指数排名	财政稳定指数排名	财政均等指数排名	财政潜力指数排名
发达国家	澳大利亚	1	1	0	60.141	1	7	1	8
	德国	3	2	1	52.362	8	4	6	3
	韩国	2	3	-1	52.047	4	3	11	4
	加拿大	6	4	2	50.926	7	11	5	5
	法国	5	5	0	47.219	11	9	2	7
	英国	7	6	1	45.881	6	14	3	6
	日本	4	8	-4	42.790	14	5	4	9
	美国	11	11	0	38.566	5	15	13	1
	意大利	12	12	0	37.381	9	13	9	11
发展中国家	南非	13	7	6	44.840	3	10	7	12
	俄罗斯	14	9	5	40.635	12	1	15	10
	中国	8	10	-2	40.570	15	12	10	2
	墨西哥	10	13	-3	37.155	10	2	14	14
	土耳其	9	14	-5	36.040	13	8	8	13
	巴西	15	15	0	35.989	2	6	12	15

从财政发展指数的二级指标（如图1所示）看，中国的收入结构指数和债务风险指数很低，支出结构指数也不理想，而医疗均等指数相对较高，这进一步证明了上文的分析，新冠疫情时中国政府在保障人民的生命安全方面做出很多努力，从而导致财政运营和稳定指数表现相对较差。中国政府在当时新冠疫情导致经济活动大范围暂停的情况下，没有盲目追求经济增长，而是将资源向保民生方向倾斜，表现出了大国的治理智慧。同时可以看到，中国的基础设施指数高达96.42，科技创新指数高达86.92，营商环境指数也有52.95，这也说明中国财政在未来依旧具有强势反弹的潜力。

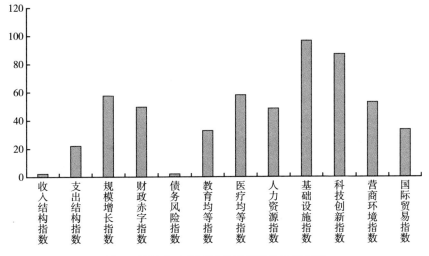

图1　2021年中国财政发展指数的二级指标

2. 财政运营指数

（1）中国2017~2021年财政运营指数呈现逐年下降趋势。

在2019年及之前，受到中美关系恶化的影响，中国的财政运营指数连续下降，但下降势头减缓。在2019年之后，主要受到新冠疫情影响，中国财政运营指数进一步快速恶化。2021年中国的财政运营指数从2017年7个国家中的最高值59.78，下降到2021年的27.33，位于7个国家中的最后一名（见图2）。

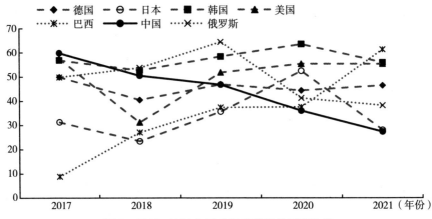

图2 2017~2021年财政运营指数的国际比较

注：为了使折线图更为清晰地呈现重点国家指数的变化趋势，分别从发达国家和发展中国家中挑选与中国最具可比性的6个代表性国家进行绘图比较。下文中的指数变化趋势国别对比图也基于同样的考虑，选取了部分重点国家与中国进行比较。选取重点国家的做法是：优先选取7个国家进行比较，即中国、美国、德国、日本、俄罗斯、巴西、韩国；但是，在数据缺失时则替换为其他国家来进行国际比较。

（2）中国的收支结构指数表现较差，规模增长指数表现中等。

2021年中国的财政运营指数较上一年下降一名，排名第15。从二级指标看，收入结构指数也排在第15位，支出结构指数排名第12，规模增长指数排名第9，处于中等水平（见表6）。2021年中国财政运营指数进一步恶化的主要原因在于，2021年大部分国家已经放开对新冠疫情的管控，而中国仍然处于疫情管控之中，经济增长受限，财政收入大幅下降，但财政部门仍需要为控制疫情和保障民生支出大量资金，因而不得不新增大量政府债务，使得中国政府在财政收支结构、债务依赖度等方面表现相对较差。

表6 2021年财政运营指数及其二级指标排名

国家		财政运营指数	财政运营指数排名	排名较上一年变动	财政运营指数二级指标排名		
					收入结构指数	支出结构指数	规模增长指数
发达国家	加拿大	51.839	7	-3	6	—	7
	美国	55.304	5	-2	9	3	4

国家		财政运营指数	财政运营指数排名	排名较上一年变动	财政运营指数二级指标排名		
					收入结构指数	支出结构指数	规模增长指数
发达国家	韩国	55.896	4	−3	11	2	2
	英国	52.976	6	−1	4	6	6
	澳大利亚	67.582	1	1	1	1	10
	德国	46.450	8	1	8	10	5
	法国	43.153	11	−1	10	9	8
	日本	28.037	14	−8	14	8	13
	意大利	45.762	9	3	12	11	1
发展中国家	南非	60.664	3	5	3	4	3
	俄罗斯	38.150	12	−1	5	7	14
	中国	27.326	15	−1	15	12	9
	巴西	61.280	2	11	2	—	11
	墨西哥	44.332	10	5	7	—	12
	土耳其	31.683	13	−6	13	5	15

注：加拿大、巴西、墨西哥2021年支出结构指数数据缺失。

3. 财政稳定指数①

（1）中国的财政稳定指数呈现波动中下降的趋势。

如图3所示，中国财政稳定指数在2017~2019年逐年下降，2020年出现短暂上升，2021年又有所下降。总体来看，中国财政稳定指数在2017~2021年呈现下降趋势，从45.39下降到25.83，下降幅度较大。

① 此处需要说明的是，在测算财政稳定指数时，为了与国际数据库中其他国家的财政赤字统计口径保持一致，计算中国财政赤字时所用的收入与支出口径为四本预算全口径的财政收入与支出数据，因而与中国财政决算报告中公布的赤字水平有所出入。根据2021年财政决算报告，用于计算赤字的财政收入总量口径为"一般公共预算收入+中央和地方财政从预算稳定调节基金、政府性基金预算、国有资本经营预算调入资金+地方财政使用结转结余资金"，用于计算赤字的财政支出总量口径为"一般公共预算支出+补充中央预算稳定调节基金"。由此可知，政府性基金预算、国有资本经营预算、社会保障基金预算的收支缺口数据并未纳入财政赤字的官方口径。

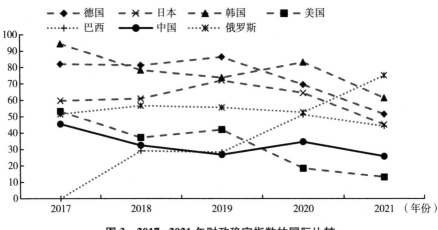

图3 2017~2021年财政稳定指数的国际比较

（2）中国财政赤字指数排名居中，债务风险指数排名靠后。

通过分析财政稳定指数下设的两个二级指标不难发现，2021年中国财政赤字指数排名第8，而债务风险指数排名第13，中国财政稳定指数的排名靠后主要与债务风险指数有关。受新冠疫情影响，中国政府的税收收入下降，政府为了保证刚性的财政支出只得通过对外发行债券的方式来筹措资金，致使债务风险指数排名下降。2021年中国的财政稳定指数排名与2020年相比下降一名（见表7），说明未来需要重视加强中国的财政稳定性，尤其需要关注控制与化解政府的债务风险。

表7 2021年财政稳定指数及其二级指标排名

国家		财政稳定指数	财政稳定指数排名	排名较上一年变动	财政稳定指数二级指标排名	
					财政赤字指数	债务风险指数
发达国家	德国	51.472	4	−1	7	2
	韩国	61.423	3	−1	3	3
	日本	45.146	5	−1	11	4
	加拿大	34.582	11	2	12	5
	法国	37.065	9	−1	10	8
	英国	17.881	14	1	14	9

国家		财政稳定指数	财政稳定指数排名	排名较上一年变动	财政稳定指数二级指标排名	
					财政赤字指数	债务风险指数
发达国家	意大利	20.258	13	−1	13	11
	美国	13.146	15	−1	15	10
	澳大利亚	40.883	7	2	9	7
发展中国家	俄罗斯	75.132	1	4	2	1
	墨西哥	65.255	2	−1	4	—
	中国	25.831	12	−1	8	13
	巴西	44.174	6	1	6	6
	土耳其	38.645	8	−2	1	14
	南非	34.874	10	0	5	12

4. 财政均等指数

（1）中国财政均等指数呈现稳定缓慢上升的趋势。

从图4可以看出，中国2017~2021年的财政均等指数呈现逐年缓慢上升的趋势，从2017年的41.46增加到2021年的45.49，排名在7国之中居于中间位置，在15个国家的比较中，排名在第7~10名波动。

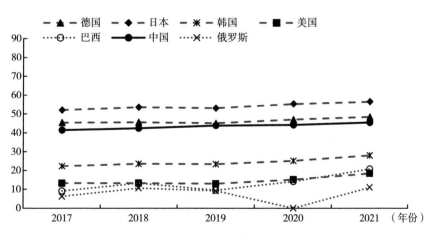

图4　2017~2021年财政均等指数的国际比较

（2）中国教育均等指数排名靠后，但医疗均等指数表现良好。

从财政均等指数的二级指标来看，中国教育均等指数排名相对落后，从原来的第 10 名下降到第 12 名，而医疗均等指数排名相对靠前始终稳定在第 6 名（见表 8），这表明中国政府在新冠疫情期间对于普惠性医疗卫生工作的重视，体现了全心全意为人民服务的宗旨。此外，尽管教育均等指数排名相对落后，但教育均等指数在 2021 年相较于过去年份出现了一定程度的提升，说明教育均等的状况正在改善。

表 8　2021 年财政均等指数及其二级指标排名

国家		财政均等指数	财政均等指数排名	排名较上一年变动	财政均等指数二级指标排名	
					教育均等指数	医疗均等指数
发达国家	澳大利亚	86.420	1	0	1	1
	日本	56.546	4	0	5	4
	英国	61.072	3	0	10	2
	法国	61.955	2	0	7	3
	意大利	46.243	9	0	2	9
	加拿大	55.935	5	0	3	5
	德国	48.406	6	0	8	7
	韩国	28.023	11	0	9	11
	美国	18.542	13	-1	11	12
发展中国家	土耳其	46.751	8	-1	4	8
	中国	45.487	10	-2	12	6
	俄罗斯	11.071	15	0	14	—
	南非	48.361	7	3	6	—
	墨西哥	13.491	14	0	15	10
	巴西	20.861	12	1	13	—

注：俄罗斯、南非和巴西的医疗均等指数数据缺失。

5. 财政潜力指数

（1）中国财政潜力指数排名靠前，整体呈现上升趋势。

如图 5 所示，中国的财政潜力指数在 2017～2019 年变化不大，在 2020 年出现了快速上升，在 2021 年出现小幅下降。值得注意的是，在

2021 年大多数发达国家的财政潜力指数出现了不同程度的下降，但中国的财政潜力指数依旧很高。中国较好的财政潜力指数表现也为我国未来改善财政发展状况提供了信心。

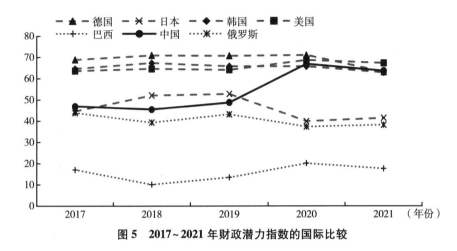

图5 2017~2021 年财政潜力指数的国际比较

（2）中国科技创新指数排名第 1，基础设施指数和营商环境指数排名第 3。

如表 9 所示，2021 年中国的财政潜力指数排名较 2020 年上升一名，排名第 2。具体而言，中国的科技创新指数排名第 1，基础设施指数和营商环境指数均排名第 3，人力资源指数表现位于中等水平，国际贸易指数表现相对较差。国际贸易指数表现较差主要是因为世界经济疲软导致中国外需不足，以及美国实施"脱钩断链"导致逆全球化趋势显现。改变这种现状需要积极刺激内需，促进国内循环，降低外贸依赖度。

表9 2021 年财政潜力指数及其二级指标排名

国家		财政潜力指数	财政潜力指数排名	排名较上一年变动	财政潜力指数二级指标排名				
					人力资源指数	基础设施指数	科技创新指数	营商环境指数	国际贸易指数
发达国家	德国	63.120	3	-2	4	7	5	5	1
	韩国	62.846	4	0	3	5	7	6	2

续表

国家		财政潜力指数	财政潜力指数排名	排名较上一年变动	财政潜力指数二级指标排名				
					人力资源指数	基础设施指数	科技创新指数	营商环境指数	国际贸易指数
发达国家	美国	67.273	1	1	1	2	2	1	15
	英国	51.594	6	0	2	6	10	8	10
	日本	41.432	9	0	5	9	6	11	14
	加拿大	61.346	5	3	7	1	8	2	8
	澳大利亚	45.678	8	−1	6	8	13	7	9
	法国	46.703	7	−2	8	4	11	9	11
	意大利	37.262	11	1	11	11	4	13	7
发展中国家	中国	63.636	2	1	10	3	1	3	12
	俄罗斯	38.188	10	0	9	10	15	15	3
	墨西哥	25.540	14	−3	14	14	9	12	5
	土耳其	27.080	13	1	13	12	12	14	6
	南非	35.460	12	1	12	15	3	4	4
	巴西	17.643	15	0	15	13	14	10	13

（二）独立性指数

1.财政运营方面

（1）中国财政收支的绝对规模水平最高，人均财政收支水平较低但是增速较快。

在财政收入和财政支出的绝对规模维度，无论是中口径还是大口径[1]，2017~2021年中国财政收入与支出的绝对规模水平在15国中最高。2021

---

[1] 其他国家中口径的财政收入（支出）指"财政总收入（支出）-社保基金收入（支出）"，大口径指标为"财政总收入（支出）"。中国中口径的绝对财政收入（支出）指除了社会保障基金预算之外，另外三本预算即一般公共预算、政府性基金预算、国有资本经营预算的收入（支出）之和；大口径指标为一般公共预算、政府性基金预算、国有资本经营预算和社会保障基金预算这四本预算收入（支出）之和。

年，随着新冠疫情逐步缓解、经济逐步恢复，中国绝对财政收入增速较快，绝对财政支出增速较低。在人均财政收入和支出维度，无论是中口径还是大口径，中国财政收入和支出的人均水平在15国中位居中下游水平。但是，2017~2021年中国人均财政收入和支出的平均增速均高于同期发达国家和发展中国家的平均增速。

（2）中国小、中、大口径宏观税负水平都较低，并且自2019年起持续下降。

在小口径下①，2021年中国宏观税负水平在15国中排名倒数第2，仅为14.35%，且在2016~2021年呈逐年下降趋势；在中口径下，2021年中国宏观税负水平处于靠后位置，为25.40%，2016~2018年中国宏观税负水平较为平稳，不过2019~2021年出现下降趋势；在大口径下，2021年中国宏观税负水平排名倒数第3，为31.34%，在2016~2021年，中国宏观税负水平以2019年为分水岭，呈现先上升后下降的趋势（见图6、图7）。

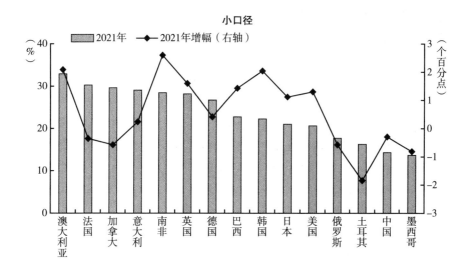

① 各个国家的小口径财政收入指的是税收收入。

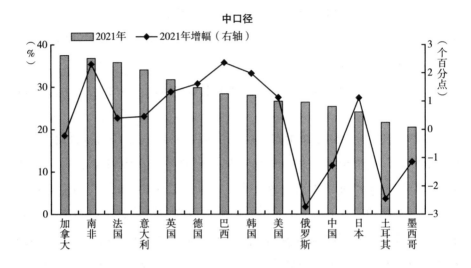

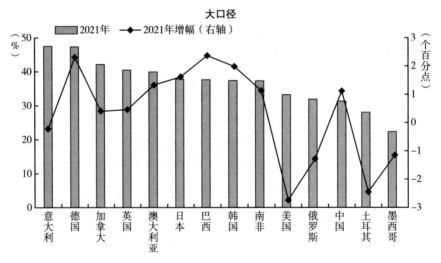

图6 2021年三种口径下宏观税负水平及增幅的国际比较

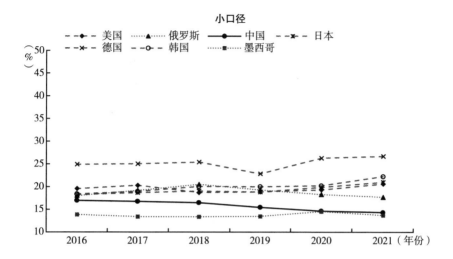

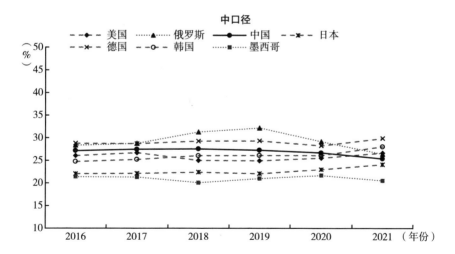

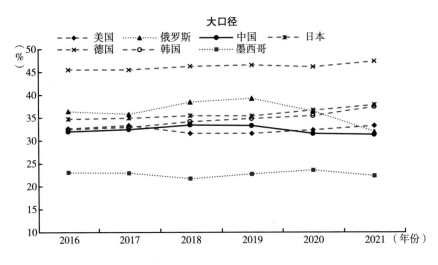

图7 2016~2021年三种口径下宏观税负水平的国际比较

（3）中国财政恩格尔系数较小，民生支出密度水平虽低但增速较快。

如图8所示，2021年中国财政恩格尔系数在12国中排名倒数第1，为45.69%。新冠疫情期间，中国政府坚定不移地实行"三保""六保"政策①，导致医疗支出、社会保障与就业支出增加。相较于2020年，2021年中国财政恩格尔系数上升2.15个百分点。需要指出的是，2021年发达国家财政恩格尔系数的平均水平约为中国财政恩格尔系数的1.5倍。这表明相比于发达国家，中国财政支出的刚性较弱，财政部门能够依据经济环境变化，审时度势地及时调整支出方向，提高财政支出效率。

如图9所示，2021年中国民生支出密度为3472.69美元/人，在12国中处于较低水平。就增速而言，2021年中国民生支出密度的增长率为5.41%，高于发展中国家的平均水平。此外，在2017~2021年中国民生支出密度的平均增速为7.9%，高于同期大多数发达国家的平均增速，说明2017~2021年中国政府重视提高民生性支出，力图保障民生公共服务。

---

① "三保"分别指的是：保基本民生、保工资、保运转支出。"六保"分别是：保居民就业、保基本民生、保市场主体、保粮食能源安全、保产业链供应链稳定、保基层运转。

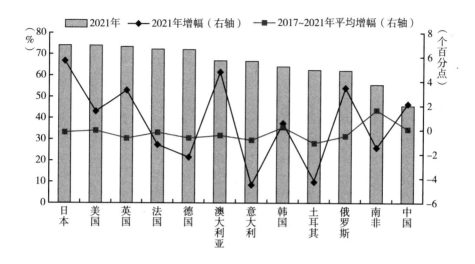

图 8　2021 年财政恩格尔系数的国际比较

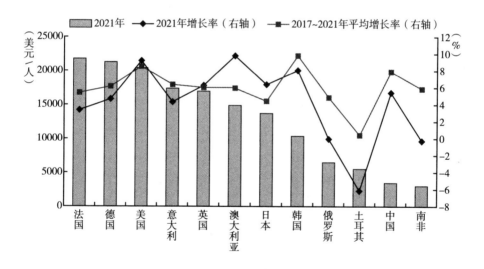

图 9　2021 年民生支出密度及变化趋势的国际比较

2. 财政稳定方面

（1）中国的财政赤字水平较高且呈现逐年上升趋势。

　　基于国际可比口径①，2017～2021 年中国的财政赤字较为严重。中期财政赤字和结构性财政赤字指标显示，无论采用中口径还是大口径，中国的财政赤字不仅在被比较的几个国家中处于较高水平，而且呈现逐年上升的趋势；基本财政赤字指标显示，中国的中口径与大口径财政赤字均位居前列，呈现先升再微降的趋势。近年来由于经济下行、减税降费、中美贸易战和新冠疫情等因素叠加，中国的财政赤字问题不容乐观，需引起重视②。另外，通过对比在中口径和大口径下不同国家财政赤字水平排名的相对位置，可以推测中国财政赤字主要源于一般公共预算、政府性基金预算和国有资本经营预算这三种预算，而其他国家的财政赤字则主要源于社会保障基金预算。

　　此外，中口径和大口径的中国财政自给率在 15 国中均处于较低水平，它在 2017 年出现过短暂增长，在 2018～2020 年呈现逐年下降趋势，至 2021 年又有所增长。中国的社会保障基金收支缺口处于较低水平，2021 年仅为 22.93%，相较于其他国家，2017～2021 年社会保障基金收支缺口的平均增幅较小。

　　（2）中国负债率、债务率和债务成本均较低但呈现上升趋势。

　　图 10、图 11 以及图 12 显示，与其他国家相比，中国的负债率、债务率和债务成本在 2016～2021 年均处于较低水平，但是上述三项指标均呈现上升趋势。其中，受新冠疫情冲击，在 2020 年中国的负债率与债务率大幅升高，而在 2021 年中国的债务成本有所下降。图 10 和图 11 显示，中国扣除流动资产后的负债率与债务率水平在 7 国中位居中游，而未扣除流动资产

---

① 国际可比口径的财政赤字是指一般公共预算、政府性基金预算、国有资本经营预算、社会保障基金预算四本预算全口径财政支出与收入的差值。根据 2021 年财政决算报告，中国官方的财政收入总量口径为"一般公共预算收入+中央和地方财政从预算稳定调节基金、政府性基金预算、国有资本经营预算调入资金+地方财政使用结转结余资金"，财政支出总量口径为"一般公共预算支出+补充中央预算稳定调节基金"。由此可知，政府性基金预算、国有资本经营预算、社会保障基金预算的收支缺口数据未纳入财政赤字的官方口径。

② 这一结论与中国财政预决算报告中的官方发布赤字率有一定差距，原因在于测算口径不一致。建议未来中国政府采用多个口径测算发布财政赤字，以便于对财政赤字的主要来源有所掌握。

时中国的负债率和债务率水平位居下游，这表明相较于其他六国，中国政府在危机发生时能够用于清偿债务的金融资产较少。另外需注意的是，在国际比较时中国负债率、债务率和债务成本水平较低的原因之一是国际数据库没有包含中国地方政府融资平台的隐性债务数据。

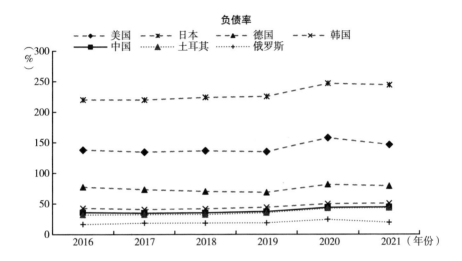

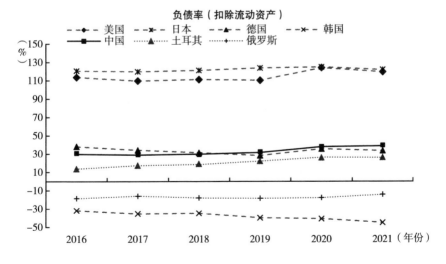

图10　2016~2021年两种口径下各国负债率的国际比较

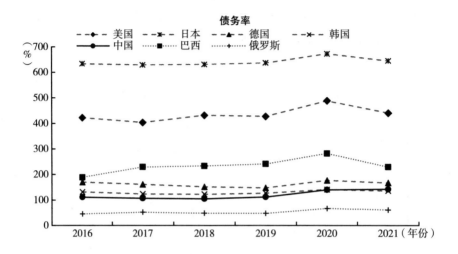

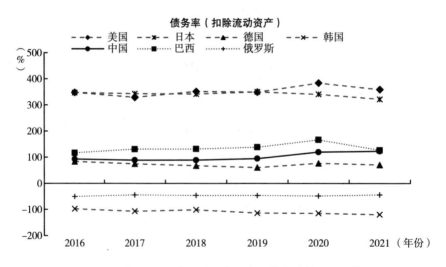

图 11 2016~2021 年两种口径下各国债务率的国际比较

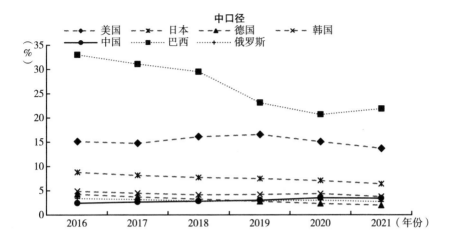

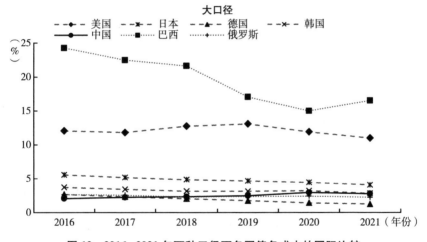

图 12　2016~2021 年两种口径下各国债务成本的国际比较

三　中国财政发展面临的主要挑战

在构建国际财政发展指标体系，并且对世界 15 个主要国家 2016~2021
年综合性指数与独立性指数进行国际比较研究的基础上，本报告认为当前及
未来中国财政高质量发展主要面临以下三个方面的挑战。

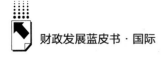

（一）财政收支规模增速放缓，收支结构需要优化

从长期来看，中国对内面临经济增长方式转变及产业结构调整的现实情况，对外面临中美贸易战持续以及西方国家对华技术封锁的约束条件；从短期来看，新冠疫情后中国民营经济整体活力尚未完全恢复。这些因素都将导致未来一段时间内财政部门收入与支出规模的增长速度下降。在财政收支规模增速逐渐放缓的预期下，如何优化财政收支结构从而提高财政收支效率成为中国财政部门面临的一项重要挑战。

本报告通过国际比较研究发现，中国的财政收入结构并不太合理，相较于其他国家，中国税收集中度近5年来一直处于较低水平。而且在新冠疫情发生后，由于政府增发大量国债和地方专项债，债务依赖度指标逐年升高，中国的税收集中度更低，财政收入结构状况恶化。此外，着眼于税收体系内部，由于个人所得税等直接税比例偏低、增值税等间接税比例偏高，所以中国税收体系无法有效发挥调节居民收入再分配的功能。2015~2022年中国居民人均可支配收入基尼系数由0.462上涨至0.467[①]，而部分发达国家居民人均可支配收入基尼系数在0.350左右，由此可见，中国税收体系内部结构也需尽快优化。

在财政支出结构方面，国际比较研究显示相较于其他国家，中国财政的民生性支出、国家安全支出较低，支出结构存在一定的固化问题，并未随着中国现代化发展和人民公共需求变化而及时调整，从而导致财政资源错配，降低了财政支出效率。例如，在少子化、老龄化的人口发展趋势下，财政支出将面临逐年提高民生性支出、压缩其他财政支出的挑战。

（二）财政赤字与债务增加，财政风险亟待化解

近年来中国经济增长方式转变、土地出让收入大幅减少、大规模减税降费，这些情况都导致中国财政收入增速放缓。在新冠疫情的影响下，政府必

---

① 数据来源：《中国住户调查年鉴（2023）》。

须优先保障疫情管控支出和基本民生支出，因此财政部门面临可支配收入减少但支出需求不降反增的收支矛盾挑战。2017~2021 年中国的财政赤字率位于国际较高水平，并且有逐渐增长的趋势，如再不加以控制，日积月累的赤字将对中国财政稳定发展造成较大的风险。另外，中国政府官方发布的财政预决算报告中公布的财政赤字口径，与国际组织公布的财政赤字口径存在差距，在一定程度上弱化了财政赤字数据的风险警示功能。

为应对中国经济下行压力、新冠疫情冲击，中央政府加大宏观调控力度，在实施大规模减税降费政策的同时，增加了地方政府的债务限额，政府增发大量债券导致财政部门的债务依赖度较高。15 国的国际比较研究表明，中国 2017~2021 年的债务风险指数的国际排名较靠后，短期偿债能力与债务增长空间的表现均不佳。虽然数据指标显示目前中国的债务风险总体还在可控范围，但是一些地方政府违法违规举债或变相举债融资，导致现有公开的债务数据无法反映政府真实的举债情况，因而地方政府隐性债务引致的财政风险不容忽视。

（三）财政制度建设不够完善，治理水平提升缓慢

党的十八届三中全会提出"财政是国家治理的基础和重要支柱"，经过十余年的财政基础理论反思与财政管理制度建设，中国财政的制度建设和治理水平有所提升，但是仍然存在一些不足之处。

第一，在预算管理制度方面，从广度上看，财政预算管理尚未完全覆盖所有资金，一些地方政府依托行政权力、政府信用、国有资源而获取的资金收入还未纳入财政预算管理的范畴，仍有小部分资金流离在财政四本预算之外；从深度上看，零基预算制度和绩效评价制度的改革进程缓慢，预算管理的规范性和统一性有待提高。

第二，在财政政策方面，财政体系内部缺乏系统性，例如四本预算尚未有效衔接、中央与地方的事权与财权的合理界定还在摸索；对外与其他政府部门的政策缺乏协同性，例如财政政策和金融政策协同配合还不够。

第三，在财政数据公开方面，政府资产负债表等财政治理方面数据指标

尚未公开，难以科学量化评估中国目前的财政治理水平；财政预决算数据的口径与指标内涵比较晦涩难懂，公众和学界难以实施有效监督。

第四，在财政应急制度方面，我国财政应急管理制度有待完善。虽然我国针对地震、洪水等局部自然灾害已经建立起较为成熟的公共财政应急管理制度，但是对于全国性大面积的传染病灾害和经济活动暂停，财政部门缺乏相应的资金储备和应急调用方案。

四　中国促进财政高质量发展的改革对策

本报告遵循党的二十届三中全会《中共中央关于进一步全面深化改革、推进中国式现代化的决定》的核心指导思想，基于当前中国财政发展面临的主要挑战，从以下三个方面提出中国当下及未来促进财政高质量发展的改革对策。

（一）优化财政收支结构，提升财政收支效率

在财政收入层面，中国财政应从以下三个方面进行结构性改革调整。第一，健全直接税税收体系，继续完善综合和分类相结合的个人所得税制度，规范经营所得、资本所得、财产所得税收政策，实行劳动性所得统一征税，尤其要加强高收入群体直接税的征收管理工作，从而实现税收收入增长和调节收入分配的双重目标。第二，健全地方税收体系，拓展地方税源，适当扩大地方税收管理权限，在增加地方政府法定税收财力的同时，对地方政府随意征收非税收入的行为加以约束，优化地方非国有企业所处的营商环境。第三，及时规范税收优惠政策，一方面应该根据当前经济发展重点方向，对绿色产业、科技产业、数字经济、养老教育等领域的企业实施积极的税收优惠政策；另一方面要随着经济社会环境变化，及时清理掉非优先发展行业领域的税收优惠政策或临时性的税收减免措施。从以上三个方面优化财政收入结构，不仅能够保障政府有稳定充足的财源，而且能充分发挥税收在调节收入分配和引导产业结构升级上的作用。

在财政支出层面，中国应该处理好政府与市场的关系、中央事权与地方事权的关系，合理界定各级政府的支出责任，避免政府职能"越位"、"缺位"和"错位"。尽快建立财政支出优先项目管理制度，确立财政支出责任的优先次序，打破财政支出固化的局面，从而促进财政支出更好地为高质量发展和实现中国式现代化而服务。从效率视角，目前中国财政支出的重点方向应为科技领域，不仅包括航天航空、物理数学等基础学科的科技创新突破，还包括与科技相关的基础通信设施建设；从公平视角，中国财政支出应该更加聚焦生育、教育、医疗、养老、社保等民生领域，促进人的全面发展和推动共同富裕，提高全体居民的消费意愿，从而扩大国内需求、促进经济实现良性循环。

（二）建立科学可量化的财政风险预警机制

为了确保中国财政长期健康可持续地发展，财政部门急需建立科学量化的、认可度高的财政风险预警机制。在财政赤字上，中国应该参考国际组织数据库发布的赤字口径，结合财政四本预算的内涵与口径，构建多个口径的财政赤字指标以揭示不同层面的财政赤字风险，并且在每年的财政预决算报告中公开发布，接受全国人大和社会各界的监督。就短期而言，中国应尽快降低因新冠疫情而不断上涨的财政赤字水平，即通过实施上述提升财政收支效率的财政政策，在保证各项财政职能实现的同时逐渐提高收入、降低支出，从而实现赤字水平的下降。

在政府债务上，中国应该尽快摸清地方政府隐性债务总量，建立长期的政府债务信息披露机制。在提高政府债务数据透明度的前提下，中国财政部门应该与金融部门密切合作，构建政府部门债务监测预警指标体系以及债务风险防范长效机制。就短期而言，新冠疫情后财政部门应该重点解决因疫情而攀高的政府债务问题，一方面要加强对地方政府专项债的精细化管理；另一方面要化解地方政府融资平台债务，加快推动融资平台转型，并且以此为契机探索化解政府债务风险的有效方案。

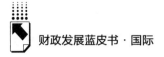
（三）完善财政制度建设，提升财政治理水平

从长期来看，中国完善财政制度建设应该遵循以下两个原则：一是财政制度对内要注重系统化，即税收制度、预算制度、债务制度、转移支付制度等各项制度的具体措施在财政系统内部要互相配合、互成体系，避免因政策细节存在矛盾而相互掣肘；二是财政制度对外要讲究协调化，即要正确处理政府与市场的关系、财政与金融等其他经济部门的关系。

从短期来看，中国完善财政制度建设、提升财政治理水平具体应从以下几个方面着手。第一，健全财政法律法规制度，落实以《预算法》为核心的一系列法律法规，不仅要坚持税收法定原则，还要确立所有财政行为法定的原则，这样既能稳定市场经济体的预期，也能让政府财政收支行为有法可依。第二，完善财政绩效评价制度，不仅要重视公共服务的事前评估，还应加强评价结果的事后应用，同时应大力宣传好的绩效评价工作经验，鼓励全国各级财政部门重视财政支出绩效评价工作。第三，构建财政大数据信息系统，一方面注重财政基础数据及关键指标的日常维护，以便于财政部门内部可随时调取数据进行分析；另一方面定期公开重要的财政数据信息，接受人大代表及社会各界人士监督。第四，完善财政应急管理及资金储备制度，财政部门应时刻具备忧患意识，提前学习国际上其他国家针对自然灾害、传染疾病、战争等制定的财政应急管理制度，加强财政储备资金的保值增值管理，提高财政在防灾减灾救灾上的资金支持能力。

指 数 篇 ⟩⟩

B.2
财政发展综合性指数的国际比较

宁 静 林光彬*

摘 要： 本报告基于财政发展综合性指数的指标体系，采用国际数据库的公开数据测算得出 15 个国家财政发展综合性指数各级指标的指数值和排名。报告经过对 2017~2021 年各国各级指标进行横向和纵向比较后得到结论：在选取的 15 个国家中，中国财政发展综合性指数排在中后部，排名在第 7~11 名波动；中国财政运营指数下降最为明显，从最初的第 3 名下降至最后一名；中国财政稳定指数排名相对靠后，指数值呈现波动中下降的趋势；中国财政均等指数一直稳定在中等水平；中国财政潜力指数表现相对较好，呈现较为明显的上升趋势。受到新冠疫情的冲击，我国政府为了最大程度保障民生，财政承受了巨大压力，使得疫情期间很多指标都

* 宁静，经济学博士，中央财经大学财经研究院副研究员、北京财经研究基地研究人员、财经指数研究中心主任，主要研究方向为财政分权、地方政府竞争、财政理论与经济增长；林光彬，经济学博士，二级教授，博士生导师，中央财经大学教务处处长、中国政治经济学研究中心主任，国家社会科学基金重大项目首席专家，主要研究方向为政治经济学、国家理论与市场理论、财政学理论、中国经济。

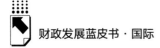

出现了不同程度的下降，但是财政潜力指数排名处于相对领先的位置，说明未来我国财政状况具有向好的发展潜力。

关键词： 财政发展　综合性指数　国际比较

本报告构建的国际可比财政发展综合性指标体系分为三个层次（如图 1 所示）。第一层次为四个一级指标，包括财政运营指数、财政稳定指数、财政均等指数和财政潜力指数。第二层次为各一级指标下的二级指标，包括财政运营指数下的收入结构指数、支出结构指数和规模增长指数，财政稳定指数下的财政赤字指数和债务风险指数，财政均等指数下的教育均等指数和医疗均等指数，财政潜力指数下的人力资源指数、基础设施指数、科技创新指数、营商环境指数和国际贸易指数。第三层次是各二级指标下的具体三级指标。[①]

本报告基于图 1 的指标体系，通过搜集经济合作与发展组织（OECD）、世界银行（WB）、国际货币基金组织（IMF）等国际数据库的公开数据，运用指标测算、无量纲化处理、层层向上赋权加总的方法计算得到总指数、一级指标、二级指标的排名，对包括中国在内的 15 个国家 2012～2021 年的财政综合发展情况进行定量评价与比较。[②]

在对底层三级指标进行无量纲化处理时，对于正向指标采用的公式为 $S_{it}=\dfrac{V_{it}^{+}-V_{min,t}}{V_{max,t}-V_{min,t}}\times100$，对负向指标采用的公式为 $S_{it}=\dfrac{V_{max,t}-V_{it}^{-}}{V_{max,t}-V_{min,t}}\times100$。其

---

① 总指数、一级指标和二级指标均为按等权法汇总计算得出，具体计算步骤为：先将三级指标原始数值进行无量纲化，然后按等权法加总计算二级指标；二级指标再按等权法加总计算一级指标；一级指标再按等权法加总计算得到财政发展总指数。

② 结合一国的国际地位、与中国的可比性以及数据可获得性等因素，本报告从 G20 中选取了 15 个国家（澳大利亚、加拿大、法国、德国、意大利、日本、韩国、英国、美国、巴西、中国、墨西哥、俄罗斯、南非、土耳其）进行比较。G20 中，阿根廷、沙特阿拉伯、印度、印度尼西亚和欧盟在国际公开数据库中的数据缺失值较多，故本报告不将这 5 个国家和国际组织纳入比较。

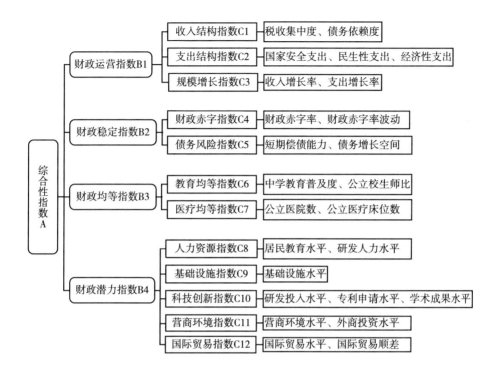

图1 财政发展综合性指标体系的框架

中，S_{it} 为底层指标的标准化值，V_{it} 为第 i 个国家第 t 年指标的实际值，$V_{max,t}$ 为所有国家第 t 年指标的最大值，$V_{min,t}$ 为所有国家第 t 年指标的最小值，由此我们得到底层指标数值在 [0，100]。

本报告借鉴大多数文献的做法，采用等权法对底层三级指标进行赋权加总，加总公式为 $F_{jt} = \sum_{i=1}^{k} S_{it} \times W_i$，其中，$F_{jt}$ 为二级指数，W_i 为底层指标的权重，k 为二级指标下包含的三级指标的个数。采用同样的赋权方法和加总公式，逐级往上得到一级指标和总指数。各级指标的具体权重参见文末附表1。①

---

① 为了检验各国的指数排名结果对赋权方法选择的敏感度，笔者还进行了结果的稳健性分析，即采用熵值法对各级指标进行赋权，结果发现与等权法并无明显差异。

本报告主要内容安排如下：首先，对 15 个国家财政发展综合性指数展开国别比较研究，重点分析中国财政发展综合性指数的趋势与结构；其次，分别对财政发展综合性指数的四个一级指标——财政运营指数、财政稳定指数、财政均等指数和财政潜力指数的趋势及结构进行国别比较研究；最后，对综合性指数国别比较研究发现的主要结论进行归纳总结。

一　财政发展总指数

（一）各国财政发展总指数的比较分析

1. 各国财政发展总指数的历年趋势比较分析

表 1 给出了 15 个国家 2012~2021 年财政发展总指数和排名。就 15 个国家整体而言，除了意大利和美国在部分年份表现相对较差外，发达国家的财政发展总指数表现普遍比发展中国家好，排名大多数情况下位于发展中国家前。中国的财政发展总指数排名在第 7~13 名波动。2012 年中国财政发展总指数排在第 13 位，仅有 34.388。随后中国财政发展总指数开始波动增加，排名也开始上升，2017 年达到最高值（48.401），同时也达到最高排名（第 7）。但 2018~2021 年中国财政发展总指数又回到 40~46 的水平，排名也有所下降。特别是在 2021 年，中国财政发展总指数只有 40.570，但排名未掉出前 10。中国之所以表现出这种变动趋势，是因为早期中国经济发展良好，财政状况随之改善，但在受到新冠疫情冲击后，中国政府始终坚持生命至上的宗旨，财政在医疗、就业等民生保障方面发挥了巨大的作用。由于财政支出大幅增加，而财政收入却在缩小，政府债务发行过多，因此财政运营指数、财政稳定指数随之变差。在三级指标层面表现为税收集中度、债务依赖度、收入增长率、支出增长率、债务增长空间等指标变差，而民生性支出、财政赤字率波动、公立校生师比、公立医疗床位数等指标表现有所好转。

表 1 2012～2021 年财政发展总指数和排名的国际比较

国家		2012 年		2013 年		2014 年		2015 年		2016 年	
		指数值	排名	指数值	排名	指数值	排名	指数值	排名	指数值	排名
发达国家	澳大利亚	50.334	4	61.481	1	61.846	1	64.329	3	58.978	1
	德国	52.269	3	50.285	4	57.324	4	61.998	1	60.884	2
	韩国	58.565	1	50.771	3	58.750	2	60.140	2	60.345	4
	加拿大	57.165	2	52.827	2	57.975	3	57.580	4	55.624	3
	法国	49.425	5	46.661	6	48.197	7	54.514	6	50.670	6
	英国	49.013	7	50.041	5	50.194	5	58.354	5	53.059	5
	日本	49.211	6	42.939	7	49.155	6	49.784	7	49.147	7
	美国	31.803	15	30.026	14	38.304	12	40.475	12	37.758	12
	意大利	38.757	11	37.260	11	38.982	11	47.722	8	47.270	8
发展中国家	南非	36.644	12	42.806	8	39.428	10	33.511	13	34.008	13
	俄罗斯	48.882	8	36.577	12	35.602	13	26.071	14	31.212	10
	中国	34.388	13	38.237	10	41.502	9	47.084	10	41.466	9
	墨西哥	32.958	14	25.503	15	31.295	14	38.315	11	38.292	14
	土耳其	40.467	9	40.243	9	47.647	8	49.874	9	42.643	11
	巴西	40.254	10	31.435	13	27.887	15	18.085	15	12.261	15

国家		2017 年		2018 年		2019 年		2020 年		2021 年	
		指数值	排名	指数值	排名	指数值	排名	指数值	排名	指数值	排名
发达国家	澳大利亚	70.870	1	63.828	1	51.758	7	62.763	1	60.141	1
	德国	61.544	2	59.572	2	62.258	1	57.996	3	52.362	2
	韩国	59.548	4	55.484	4	55.334	2	59.367	2	52.047	3
	加拿大	59.915	3	56.319	3	54.537	3	47.903	6	50.926	4
	法国	53.064	6	52.260	6	53.406	5	50.102	5	47.219	5
	英国	57.990	5	55.379	5	54.236	4	47.511	7	45.881	6
	日本	46.910	10	47.518	7	53.368	6	53.034	4	42.790	8
	美国	46.911	9	36.570	12	42.717	10	39.449	11	38.566	11
	意大利	47.064	8	46.941	8	43.959	8	38.206	12	37.381	12
发展中国家	南非	37.743	13	30.769	13	32.051	14	38.205	13	44.840	7
	俄罗斯	37.862	12	40.104	10	43.082	9	32.794	14	40.635	9
	中国	48.401	7	42.707	9	41.548	11	45.425	8	40.570	10
	墨西哥	32.105	14	29.477	14	32.279	13	42.178	10	37.155	13
	土耳其	40.303	11	37.565	11	33.029	12	44.515	9	36.040	14
	巴西	8.788	15	19.882	15	22.183	15	30.738	15	35.989	15

图 2 给出了 2017~2021 年 15 个国家财政发展总指数平均值的变化趋势图（见柱状图），以及中国、美国、德国、日本、韩国、俄罗斯、巴西这 7 个重点国家 2017~2021 年财政发展总指数的变化趋势图（见折线图）。首先，2020 年及之前中国在发展中国家中表现相对较好，但落后于大部分发达国家；2021 年中国表现相对较差，仍稍微领先于美国。其次，中国在 2018~2021 年财政发展总指数表现较为平稳。最后，只有巴西在 2017~2021 年表现出快速且持续的上升趋势，其他国家在 2020 年之前表现都相对稳定，2021 年除了巴西和俄罗斯，其他国家财政发展总指数都出现了不同程度的下降。

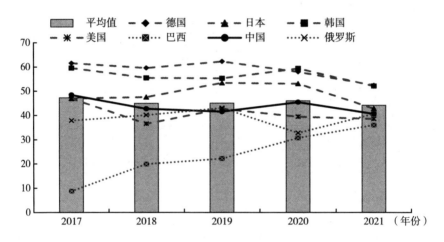

图 2　2017~2021 年财政发展总指数变化趋势的国际比较

注：为了使折线图更为清晰地呈现重点国家指数的变化趋势，分别从发达国家和发展中国家中挑选与中国最具可比性的 6 个代表性国家进行绘图比较。下文中的指数变化趋势国别对比图也基于同样的考虑，选取了部分重点国家与中国进行比较。选取重点国家的做法是：优先选取 7 个国家进行比较，即中国、美国、德国、日本、俄罗斯、巴西、韩国；但是，在数据缺失时则替换为其他国家来进行国际比较。

2. 各国财政发展总指数的内部结构比较分析

财政发展总指数下包括财政运营指数、财政稳定指数、财政均等指数和财政潜力指数 4 个一级指标。

如表 2 所示，从 15 个国家整体来看，与 2020 年相比，2021 年部分国家财政发展总指数的排名变动幅度比较大，除澳大利亚、法国、美国、意大利和巴西保持稳定外，其他国家都出现了不同程度的波动。其中，德国、英国和加拿大小幅上升，韩国和中国小幅下降，南非和俄罗斯有较明显的上升，而日本、墨西哥和土耳其出现了较大幅度的下降。2021年，澳大利亚的财政运营指数和财政均等指数表现最好，但财政稳定指数、财政潜力指数表现一般。财政稳定指数表现最好的是俄罗斯。财政潜力指数表现最好的是美国。美国的财政运营指数表现较好，但是财政稳定指数和财政均等指数表现很差。俄罗斯只有财政稳定指数表现较好，其他指标都排在整体中下游的位置。整体而言，各国的一级指标表现差异较大，没有全部突出的国家，也没有全部落后的国家。因此各个国家在财政发展方面都各具优势和劣势，都有一定的改进空间与发展潜力。

表2 2021年各国财政发展总指数及其一级指标排名

国家		2020年总排名	2021年总排名	排名变动	2021年总指数	一级指标排名			
						财政运营指数	财政稳定指数	财政均等指数	财政潜力指数
发达国家	澳大利亚	1	1	0	60.141	1	7	1	8
	德国	3	2	1	52.362	8	4	6	3
	韩国	2	3	−1	52.047	4	3	11	4
	加拿大	6	4	2	50.926	7	11	5	5
	法国	5	5	0	47.219	11	9	2	7
	英国	7	6	1	45.881	6	14	3	6
	日本	4	8	−4	42.790	14	5	4	9
	美国	11	11	0	38.566	5	15	13	1
	意大利	12	12	0	37.381	9	13	9	11
发展中国家	南非	13	7	6	44.840	3	10	7	12
	俄罗斯	14	9	5	40.635	12	1	15	10
	中国	8	10	−2	40.570	15	12	10	2
	墨西哥	10	13	−3	37.155	10	2	14	14
	土耳其	9	14	−5	36.040	13	8	8	13
	巴西	15	15	0	35.989	2	6	12	15

图 3 将 2021 年中国的四个一级指标分别与发达国家和发展中国家的四个指标的均值进行对比。由图可知，中国的财政潜力指数大幅高于发达国家的均值和发展中国家的均值，财政运营指数和财政稳定指数都远落后于发达国家的均值和发展中国家的均值，财政均等指数表现优于发展中国家均值，但低于发达国家均值。受新冠疫情影响，中国政府在财政收入减少的情况下，通过举债的方式增加财政支出用于保障民生，所以财政运营指数和财政稳定指数都表现相对较差。但总体而言，中国经济的基本盘相对稳定，经济始终保持向好态势，因此财政潜力指数表现相对较好。

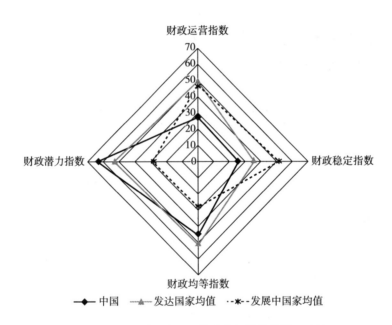

图 3　2021 年财政发展总指数内部结构的国际比较

（二）中国财政发展总指数的总体分析

1. 中国财政发展总指数的历年趋势分析

图 4 给出了 2017～2021 年中国财政发展总指数和排名。由图可知，2017～2021 年中国的财政发展总指数的排名整体在第 9 名上下波动，最好成

绩是第7名，最差成绩是第11名。2017～2019年，财政总指数出现下降，2020年总指数有所回升后，在2021年再次出现下降。

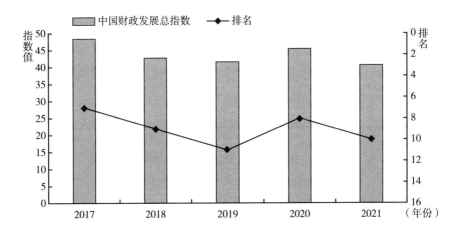

图4　2017～2021年中国财政发展总指数和排名

图5给出了2012～2021年中国财政发展总指数4个一级指标变化趋势。由图可知，中国的财政运营指数在2017年之前经历了一段上升期，最高值达到了59.78，随后逐年下降至与2013年大致相当的水平。财政稳定指数在2013年增长较为迅速，但在之后4年间都保持相对稳定，在2018年出现一定程度下降后，保持在30左右。财政均等指数在2012～2021年保持了平稳小幅上升趋势，但整体变化不大。财政潜力指数变动比较复杂，先在2012～2016年下降，又在2017～2020年开始上升，最后在2021年又有所下降。

2.中国财政发展总指数的内部结构分析

表3给出了2021年中国财政发展指数一级指标和二级指标的指数值和排名。从一级指标排名来看，我国表现最好的指标是财政潜力指数（排名第2），财政均等指数处于中等偏后的位置（排名第10），财政运营指数和财政稳定指数排名都比较差，分别排名第15和第12。从二级指标的排名看，正如前文分析的那样，我国的收入结构指数、支出结构指数、债务风险指数表现都比较差，这主要是因为受到新冠疫情的外生冲击。同时，如果不

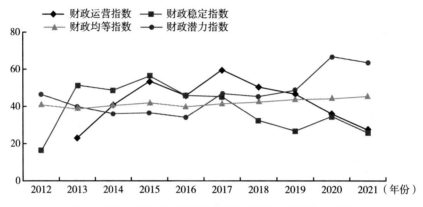

图5 2012~2021年中国财政发展总指数内部结构的趋势

注：2012年财政运营指数数据缺失。

考虑疫情原因，我国的教育均等指数、人力资源指数和国际贸易指数排名也靠后，未来有较大的提升空间。此外，我国的财政赤字指数和规模增长指数表现仍能维持在中等水平，我国的科技创新指数、营商环境指数、基础设施指数和医疗均等指数都处于相对领先的位置，说明我国的财政发展依然具有很大潜力。

表3 2021年中国财政发展指数一级与二级指标和排名

一级指标	指数值	排名	二级指标	指数值	排名
财政运营指数	27.33	15	收入结构指数	2.29	15
			支出结构指数	22.08	12
			规模增长指数	57.61	9
财政稳定指数	25.83	12	财政赤字指数	49.60	8
			债务风险指数	2.06	13
财政均等指数	45.49	10	教育均等指数	32.86	12
			医疗均等指数	58.11	6
财政潜力指数	63.64	2	人力资源指数	48.39	10
			基础设施指数	96.42	3
			科技创新指数	86.92	1
			营商环境指数	52.95	3
			国际贸易指数	33.50	12

结合表3和图6可知，我国各项财政指标尚不均衡。最高的是基础设施指数（96.42），其次是科技创新指数（86.92），其他所有指标都在60以下。有三个指标在50~60，分别是规模增长指数（57.61）、医疗均等指数（58.11）和营商环境指数（52.95）。有四个指标在30~50，分别是财政赤字指数（49.60）、人力资源指数（48.39）、教育均等指数（32.86）、国际贸易指数（33.50）。支出结构指数仅有22.08，而收入结构指数和债务风险指数都在10以下，这三个指标低也是因为受新冠疫情的影响，在未来一定会再恢复到正常水平。

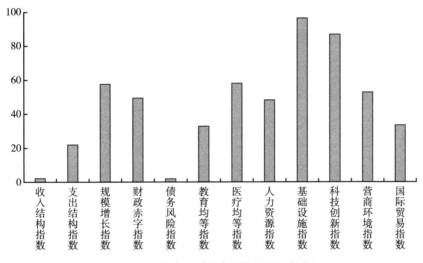

图6　2021年中国财政发展指数的二级指标

二　财政运营指数

（一）财政运营指数总体分析

1. 财政运营指数历年趋势的国际比较

财政运营指数包含收入结构指数、支出结构指数以及规模增长指数3个二级指标，通过赋予这 3 个指标相等权重加总而得出。因此，财政运营指数是各国财政收支情况以及规模增长情况的综合体现。表 4 展示了 9 个发达国家和 6 个发展中国家 2012~2021 年的财政运营指数和排名情况。

表 4　2012~2021 年财政运营指数和排名的国际比较

国家		2012 年		2013 年		2014 年		2015 年		2016 年	
		指数值	排名	指数值	排名	指数值	排名	指数值	排名	指数值	排名
发达国家	澳大利亚	39.657	10	58.653	2	56.468	2	63.856	2	57.180	4
	韩国	58.564	2	32.219	11	55.968	3	60.779	4	57.810	3
	美国	42.694	7	35.695	7	54.340	5	55.053	6	45.303	8
	英国	46.547	5	43.327	4	38.416	11	59.533	5	44.250	9
	加拿大	48.623	3	43.282	5	54.694	4	63.720	3	60.253	2
	德国	37.971	12	33.023	9	47.575	9	52.721	8	51.576	5
	意大利	37.243	13	25.722	12	25.911	15	47.808	11	43.419	10
	法国	38.856	11	32.940	10	37.037	12	47.552	12	42.191	11
	日本	36.853	14	24.040	13	34.013	14	37.344	14	34.827	13
发展中国家	巴西	41.773	8	34.824	8	51.087	6	49.089	10	23.998	15
	南非	47.688	4	37.566	6	47.958	8	20.298	15	28.761	14
	墨西哥	39.772	9	4.360	15	36.382	13	44.479	13	50.328	6
	俄罗斯	45.789	6	62.539	1	48.125	7	50.950	9	39.056	12
	土耳其	69.025	1	48.141	3	68.694	1	66.454	1	60.458	1
	中国	—	—	22.937	14	40.716	10	53.587	7	45.871	7

国家		2017 年		2018 年		2019 年		2020 年		2021 年	
		指数值	排名	指数值	排名	指数值	排名	指数值	排名	指数值	排名
发达国家	澳大利亚	63.266	2	51.519	3	50.557	5	63.432	2	67.582	1
	韩国	56.836	5	52.702	2	58.392	2	63.449	1	55.896	4
	美国	57.515	4	31.183	13	51.799	4	55.347	3	55.304	5
	英国	55.731	6	46.987	7	49.280	6	54.694	5	52.976	6
	加拿大	66.751	1	50.926	4	44.721	10	54.908	4	51.839	7
	德国	49.887	9	40.536	9	46.906	8	44.377	9	46.450	8
	意大利	42.928	12	39.577	10	39.524	12	40.142	12	45.762	9
	法国	46.069	11	37.415	11	48.786	7	41.894	10	43.153	11
	日本	31.244	13	23.441	15	35.615	14	52.412	6	28.037	14

国家		2017 年		2018 年		2019 年		2020 年		2021 年	
		指数值	排名	指数值	排名	指数值	排名	指数值	排名	指数值	排名
发展中国家	巴西	8.864	15	27.058	14	37.408	13	37.501	13	61.280	2
	南非	50.895	8	48.382	6	52.704	3	47.144	8	60.664	3
	墨西哥	19.319	14	31.762	12	33.076	15	30.537	15	44.332	10
	俄罗斯	49.826	10	53.745	1	64.382	1	41.296	11	38.150	12
	土耳其	54.280	7	42.791	8	39.818	11	50.491	7	31.683	13
	中国	59.778	3	50.476	5	46.759	9	35.980	14	27.326	15

注：中国 2012 年财政运营指数数据缺失。此外，由于 IMF 和 OECD 等数据库调整了诸多指标往年的数据值，本报告均使用了各个数据库的最新数据，因此本报告中 2019 年以前各国指标值和排名与《国际财政发展指数报告（2022）》中的指标值和排名可能有所差异。

就财政运营指数的整体情况来看，各国指数大多集中在 60 以下，少数国家指数可以在个别年份突破 60，但波动较大，导致各国排名也不稳定。发达国家与发展中国家的指数没有显著且稳定的差距。

从各国 2012~2021 年排名情况来看，澳大利亚自 2013 年以来排名稳定在前 5 名的范围内，财政运营指数稳定在 50 以上，2021 年以 67.582 成为排名第 1。韩国的排名同样靠前，除 2013 年外，韩国其他年份排名均在前 5 名以内。意大利、法国和日本的财政运营指数在发达国家中表现较差。意大利在 2021 年排名第 9，但其余年份排名在第 10~15。法国 2019 年排名第 7，但其余年份排名在第 10~12。日本在 2020 年排名第 6，但其余年份排名在第 13~15。发展中国家中，巴西的排名先下降后回升，2014~2017 年从第 6 跌至第 15，之后排名开始上升，到 2021 年，巴西排名回到了第 2。南非的排名波动较大，在 2019 年和 2021 年排在第 3，在 2015 年排在第 15。俄罗斯和土耳其的财政运营情况也存在巨大波动，导致历年排名差距巨大，两国在 10 年间排名分别有 3 次和 4 次到过第 1，也都处于过第 10 以后的名次。

单就 2021 年的财政运营指数情况而言，发达国家和发展中国家均存在严重分化，发达国家中澳大利亚排名第1，法国排名第11，日本排名第14。发展中国家中，巴西和南非分别排名第2和第3，其余4个国家排名均在第10位及以后。

就中国而言，2021年中国的财政运营指数为27.326，排名第15。从趋势上看，2013~2017年中国财政运营指数排名稳步上升，从第14攀升至第3，同时财政运营指数达到了59.778，但之后开始逐年下降，至2021年，中国排名已下降至第15。

图7展示了德国、日本、韩国、美国、巴西、中国、俄罗斯7个国家在2017~2021年的财政运营指数变化情况。从图中可以看出，2017~2021年中国的财政运营指数呈现明显的下滑趋势，在2017年处在7个国家中的领先位置，在2021年下滑至7个国家中的最后一位。新冠疫情发生后，中国政府为了保障人民的生命安全，在其他国家已经放开疫情管控的情况下，始终坚持对疫情的严格防控。一方面，企业生产活动受到影响，使得税收收入减少；另一方面，疫情防控、保基本民生和保居民就业等财政支出大幅增加，迫使政府通过债务筹集财政资金，从而导致中国财政运营指数排名在2020年（含）后出现大幅下降。

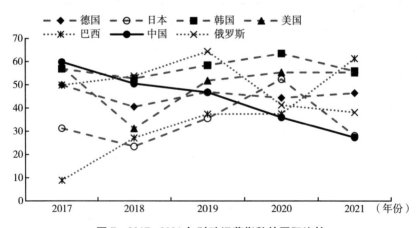

图7　2017~2021年财政运营指数的国际比较

2.财政运营指数内部结构的国际比较

财政运营情况主要包括财政收入以及财政支出的结构优化情况以及收支的规模增长情况 3 个重要方面。因此，通过收入结构指数、支出结构指数以及规模增长指数来分析财政运营指数的内部结构（见表 5）。

表 5　2021 年财政运营指数及其二级指标排名

国家		财政运营指数	财政运营指数排名	排名较上一年变动	财政运营指数二级指标排名		
					收入结构指数	支出结构指数	规模增长指数
发达国家	加拿大	51.839	7	−3	6	—	7
	美国	55.304	5	−2	9	3	4
	韩国	55.896	4	−3	11	2	2
	英国	52.976	6	−1	4	6	6
	澳大利亚	67.582	1	1	1	1	10
	德国	46.450	8	1	8	10	5
	法国	43.153	11	−1	10	9	8
	日本	28.037	14	−8	14	8	13
	意大利	45.762	9	3	12	11	1
发展中国家	南非	60.664	3	5	3	4	3
	俄罗斯	38.150	12	−1	5	7	14
	中国	27.326	15	−1	15	12	9
	巴西	61.280	2	11	2	—	11
	墨西哥	44.332	10	5	7	—	12
	土耳其	31.683	13	−6	13	5	15

注：加拿大、巴西、墨西哥 2021 年支出结构指数数据缺失。

从排名变化情况来看，一些国家 2021 年财政运营指数排名相较 2020 年出现了较大的变化。日本 2021 年的排名较上一年下降了 8 名，是发达国家中财政运营指数变化最大的国家。南非和墨西哥的排名都较上一年上升了 5 名。在排名上升的国家当中，巴西的排名上升最多，其 2021 年的财政运营指数排名较 2020 年上升了 11 名。土耳其是发展中国家中排名下降最多的国家，其排名相较上一年下降了 6 名。通过财政运营指数的二级指标排名情况可以发现这些国家财政运营指数排名变化的原因。日本和土耳其排名下降主要是由于财政收入结构较差以及财政规模增长不足。巴西和墨西哥则是依靠财政收入结构的优化带动了财政运营指数排名的上升。南非的收入结构指数、支出结构指数和规模增长指数排名与财政运营指数排名基本相同，其在财政运营方面的提升较为全面。观察二级指标的排名可以发现，中国收入结构指数与支出结构指数在 2021 年的排名均靠后，规模增长指数也处于偏后的位置。意大利的收支结构指数排名与中国类似，同样排在第 10 位之后，但其规模增长指数居于第 1 位。中国 3 项二级指标排名靠后，主要原因在于 2021 年大部分国家已经放开对疫情的管控，而中国仍然处于疫情管控之中，财政收入增长受到限制，仍需要为控制疫情和保障民生付出额外的财政支出，使得中国政府在财政收支结构、债务结构等方面的表现相对较差。

图 8 展示了发达国家与发展中国家各二级指标的均值，并与中国进行比较。可以明显发现，发达国家与发展中国家在财政运营方面的差距主要在财政规模增长方面，收支结构指数并没有明显差异。而对于中国 2021 年的财政运营表现来说，财政收支结构是突出短板，尤其是收入结构指数很低，支出结构指数较平均值也有很大差距，规模增长指数则接近发达国家均值，高于发展中国家均值，表现良好。考虑到 2021 年的特殊性，中国未来财政规模增长有望稳中向好，但急需优化收支结构来维持财政运营的平衡。

图 9 为 2013~2021 年中国财政运营指数各二级指标的变化趋势。从指数来看，规模增长指数常年高于收入结构指数和支出结构指数，因此规模增长指数对于中国财政运营指数排名影响更大。从趋势上看，规模增长指数波动较大，2014~2016 年逐年下降，2017 年出现大幅增长之后，2018~2020 年继续下降，到 2021 年才再次出现增长，其变动趋势与 GDP 变动趋势一致。特别是在 2020 年，受新冠疫情影响，中国 GDP 增速只有 2.2%，财政规模增长指数也随之大幅下降。到 2021 年中国经济复苏势头相对强劲，GDP 增速大幅攀升，规模增长指数相对增加。支出结构指数变化比较

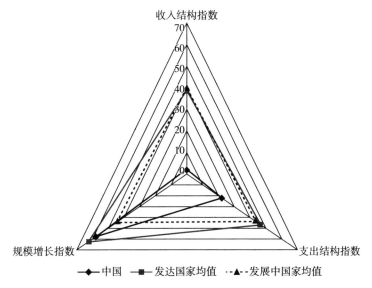

图8 2021年财政运营指数内部结构的国际比较

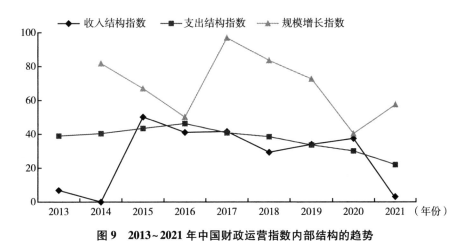

图9 2013~2021年中国财政运营指数内部结构的趋势

注:2013年规模增长指数数据缺失。

平缓,2013~2016年逐年小幅上涨,2016年后开始逐年下跌。收入结构指数在2015年大幅增长之后开始在波动中下跌,2021年已经低于2013年的指数值。2015~2020年收入结构指数相对稳定。

（二）财政运营指数的二级指标——收入结构指数

1. 收入结构指数历年趋势的国际比较

收入结构指数由税收集中度和债务依赖度两个指标等权加总而得，可以反映出国家财政收入结构的合理性。表6展示了15个国家2017～2021年收入结构指数及排名。从排名情况来看，发达国家与发展中国家总体之间并无明显差异。澳大利亚和南非的收入结构指数稳定居于排名前列。巴西和俄罗斯的排名有逐渐升高的趋势，巴西从2017年的第15位攀升至2021年的第2位，俄罗斯从2017年的第12位攀升至2021年的第5位。中国的收入结构指数排名在波动中下降，5年间最高排名第11，最低排名第15。

表6　2017～2021年收入结构指数和排名的国际比较

国家		2017年		2018年		2019年		2020年		2021年	
		指数值	排名	指数值	排名	指数值	排名	指数值	排名	指数值	排名
发达国家	澳大利亚	100.000	1	74.797	2	59.266	3	59.362	3	71.298	1
	英国	61.379	4	81.294	1	49.813	10	30.295	13	50.452	4
	加拿大	74.020	3	67.144	5	72.036	1	34.642	12	44.636	6
	德国	53.669	8	57.833	6	52.610	8	51.653	7	37.952	8
	美国	54.910	7	15.987	15	56.849	5	21.392	15	36.668	9
	法国	43.876	10	48.505	8	31.906	14	47.685	8	35.223	10
	韩国	59.399	5	45.535	9	58.129	4	56.560	4	33.171	11
	意大利	57.364	6	69.735	3	21.261	15	44.893	9	27.119	12
	日本	36.314	13	18.163	14	50.232	9	25.157	14	13.330	14
发展中国家	巴西	11.170	15	30.819	12	38.197	11	68.088	2	69.955	2
	南非	76.388	2	68.866	4	65.968	2	74.798	1	54.168	3
	俄罗斯	39.372	12	45.249	10	53.851	6	51.707	6	47.752	5
	墨西哥	23.154	14	38.867	11	36.768	12	42.731	10	42.603	7
	土耳其	48.958	9	55.466	7	53.296	7	52.610	5	24.354	13
	中国	41.593	11	29.359	13	33.972	13	37.497	11	2.287	15

图10展示了包括中国在内的7个主要国家2017～2021年收入结构指数的变化趋势情况，其中巴西的收入结构指数逐年上升，2017年在这7个国

家中居末位，2021年已经居于第1位。韩国和中国的收入结构指数趋势大体相同，都在波动中下降。中国的收入结构指数在2020年有所提升，但在2021年出现明显下降，下降到第15，造成这种变动的原因是中国2021年的债务依赖度指标大幅下降。

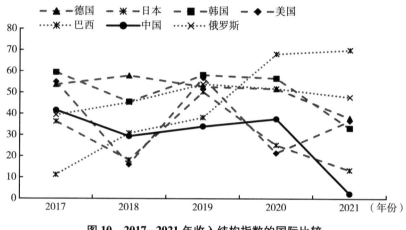

图10　2017~2021年收入结构指数的国际比较

2.收入结构指数内部结构的国际比较

因为税收和债务是财政收入的两个重要来源，因此在收入结构指数下设两个三级指标，分别为税收集中度和债务依赖度。税收集中度为当年税收收入占国际可比口径财政收入的比重，测算公式为税收收入/财政总收入×100%；债务依赖度为当年新增政府债务收入占国际可比口径财政收入的比重，测算公式为新增政府债务收入/财政总收入×100%。税收集中度越高，债务依赖度越低，说明财政收入结构越合理。

图11展示了7个国家2021年收入结构指数下两个三级指标的测算情况，可以看出中国的税收集中度仅为45.79%，与其他6国的差距在9个百分点以上，同时中国的债务依赖度达到了21.54%，仅次于日本，高于其他5国。巴西的债务依赖度最小，为-11.66%。

中国的债务依赖度从2020年的25.91%下降到2021年的21.54%，说明中国债务依赖程度略微下降，债务状况有好转的迹象。不过，图12显示，

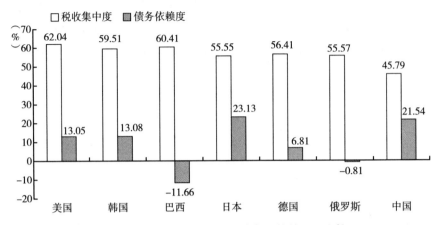

图11 2021年收入结构指数内部结构的国际比较

中国债务依赖度指标居然从2020年的74.99下降到2021年的4.57。中国债务依赖度指标在2021年大幅下降，是中国收入结构指数在2021年大幅下降的主要原因。中国债务依赖度指标下降的主要原因在于：2021年其他国家已经放开了对新冠疫情的管控，经济增长缓解了政府的财政收支矛盾，政府不需要通过大量发债为各项财政支出筹措资金，债务依赖度出现了明显下降；而中国政府始终坚持人民生命至上的原则，一直采取严格管控政策，庞

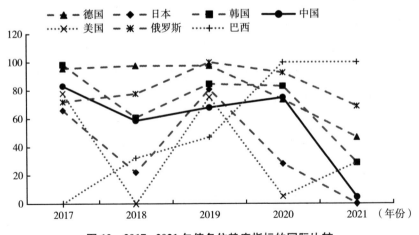

图12 2017~2021年债务依赖度指标的国际比较

大的民生支出让政府难以大幅缩减债务，因而在其他国家债务依赖度大幅下降而中国只是微降的情况下，中国债务依赖度无量纲化之后的指标必然大幅下降。

（三）财政运营指数的二级指标——支出结构指数

1. 支出结构指数历年趋势的国际比较

支出结构指数由国家安全支出、民生性支出和经济性支出 3 项重要的财政支出指标等权加总而得，反映财政支出水平以及结构情况。表 7 展示了 2017~2021 年各国支出结构指数与排名情况。支出结构指数排名的变化波动较小，大多数国家排名波动在 4 名以内，澳大利亚和俄罗斯的排名波动较大，澳大利亚从 2019 年的第 9 名上升至 2021 年的第 1 名，俄罗斯从 2017 年的第 3 名跌至 2020 年的第 9 名，随后在 2021 年升至第 7 名。发达国家中，韩国（2021 年排名第 2）和美国（2021 年排名第 3）常年位居前 3，德国（2021 年排名第 10）和意大利（2021 年排名第 11）基本在第 10 名上下。发展中国家中，南非（2021 年排名第 4）和土耳其（2021 年排名第 5）的排名最靠前。中国的支出结构指数和排名逐年下降，2021 年排名第 12。

表 7　2017~2021 年支出结构指数和排名的国际比较

国家		2017 年		2018 年		2019 年		2020 年		2021 年	
		指数值	排名	指数值	排名	指数值	排名	指数值	排名	指数值	排名
发达国家	澳大利亚	44.337	7	47.601	6	35.561	9	55.231	7	74.204	1
	韩国	58.314	2	60.277	1	60.369	1	66.076	2	61.068	2
	美国	59.303	1	59.232	2	59.243	2	72.607	1	58.435	3
	英国	44.925	6	44.687	7	47.798	5	65.238	3	49.051	6
	日本	39.160	10	39.715	9	40.634	8	60.979	5	38.098	8
	法国	41.077	8	42.071	8	43.267	7	46.687	8	35.887	9
	德国	33.140	11	33.121	11	33.192	12	37.687	11	33.047	10
	意大利	32.774	12	32.749	12	34.367	10	39.582	10	25.160	11

续表

国家		2017 年		2018 年		2019 年		2020 年		2021 年	
		指数值	排名	指数值	排名	指数值	排名	指数值	排名	指数值	排名
发展中 国家	南非	49.636	4	49.842	5	55.811	3	60.235	6	54.741	4
	土耳其	47.406	5	50.451	4	52.664	4	63.231	4	53.859	5
	俄罗斯	49.963	3	56.400	3	43.511	6	44.081	9	44.672	7
	中国	40.796	9	38.503	10	33.639	11	30.107	12	22.081	12

注：加拿大、巴西和墨西哥 2017~2021 年数据缺失。

图 13 展示了 7 个国家 2017~2021 年支出结构指数的变化趋势，可以看出 2020 年美国、英国、日本的指数突然上涨，但在 2021 年又回落至上升前的水平附近。总体来说，各国的支出结构指数比较稳定，波动比收入结构指数的波动小。中国的支出结构指数逐年减小，2020~2021 年的排名已经靠后，2021 年的支出结构指数跌至 22.081，说明中国的财政支出需要做出结构性优化。

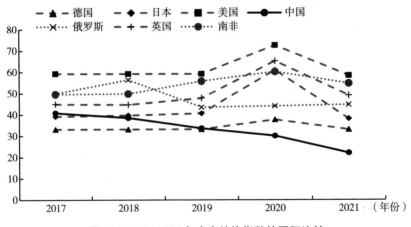

图 13　2017~2021 年支出结构指数的国际比较

2. 支出结构指数内部结构的国际比较

支出结构指数综合反映各国财政在维护国家安全稳定、保障民生权益和促进经济发展这三个方面的资源配置倾向，下设国家安全支出、民生性支出和经济性支出 3 个三级指标。单项指标水平越高，说明国家在该方面的财政倾斜力度越大，3 项指标越高说明国家财政支出运营能力越强。国家安全支出的测算公式为（国防支出+安全稳定支出）/财政总支出×100%；民生性支出的测算公式为（教育支出+医疗支出+社会保障与就业支出+住房与社区支出）/财政总支出×100%；经济性支出的测算公式为经济性支出/财政总支出×100%。

图 14 展示了 7 个国家 2021 年支出结构指数中国家安全支出、民生性支出和经济性支出的构成情况。从图中可以看出，各国的民生性支出均占较大比重，但发达国家的民生性支出占比要大于发展中国家，其中最高者为日本，达到了 70.43%，发展中国家的民生性支出占比在 50% 左右。在经济性支出占比方面，澳大利亚最高，为 19.36%，之后为南非和中国，发展中国家的经济性支出普遍高于多数发达国家，但差距较小。在国家安全支出占比方面，俄罗斯最高，达到了 10.93%，南非和澳大利亚的国家安全支出占比也接近 10%，中国、意大利、德国、日本的国家安全支出较低，与前 3 个国家有一定差距。

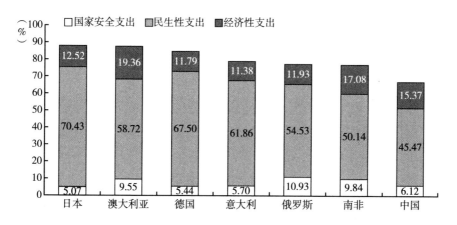

图 14　2021 年支出结构指数内部结构的国际比较

图 15 展示了 2020~2021 年 6 个国家民生性支出总额增长率的情况，6 个国家在 2020 年都不同程度地增加了民生性支出，但在 2021 年其他国

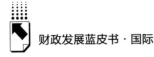

家放开疫情管控后民生性支出增长速度减缓，只有中国的民生性支出增
速继续提升。相较于其他国家，中国的民生性支出总额增长率数值并不
高，这主要是因为中国历来重视民生性支出，民生性支出总额绝对值已
经很大，仅次于美国（如图16所示），所以民生性支出总额变动表现在
变化率上并不明显。

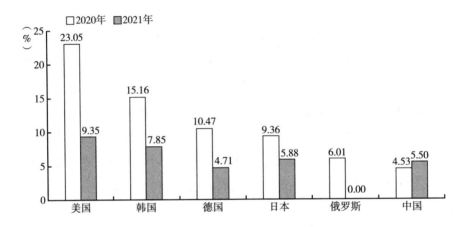

图15　2020~2021年民生性支出总额增长率

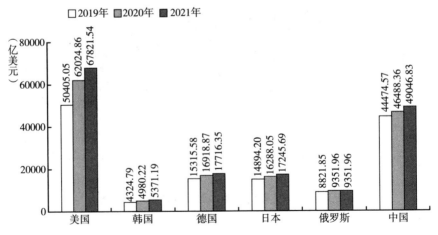

图16　2019~2021年民生性支出总额

（四）财政运营指数的二级指标——规模增长指数

1. 规模增长指数历年趋势的国际比较

规模增长指数由收入增长率和支出增长率两个三级指标等权加总而得，反映财政集中统筹规划和财政资源分配的能力。表8展示了各国2017~2021年规模增长指数和排名情况，各国的规模增长指数和排名波动都很大。就2021年排名情况来说，发达国家的排名普遍高于发展中国家，发展中国家排名最高的是南非（2021年排名第3），其次是中国（2021年排名第9），其余4个国家排名都在第10位以后。发达国家中排名较低的是澳大利亚（2021年排名第10）和日本（2021年排名第13）。

表8　2017~2021年规模增长指数和排名的国际比较

国家		2017年		2018年		2019年		2020年		2021年	
		指数值	排名	指数值	排名	指数值	排名	指数值	排名	指数值	排名
发达国家	意大利	38.645	11	16.246	13	62.944	4	35.952	9	85.009	1
	韩国	52.794	9	52.294	3	56.677	6	67.712	6	73.447	2
	美国	58.332	7	18.329	12	39.304	9	72.043	3	70.809	4
	德国	62.854	3	30.653	6	54.916	7	43.792	7	68.351	5
	英国	60.890	4	14.980	14	50.230	8	68.549	5	59.426	6
	加拿大	59.481	6	34.708	4	17.406	13	75.175	2	59.041	7
	法国	53.255	8	21.669	11	71.185	3	31.310	11	58.348	8
	澳大利亚	45.462	10	32.159	5	56.843	5	75.703	1	57.245	10
	日本	18.257	13	12.445	15	15.981	14	71.100	4	32.683	13
发展中国家	南非	26.662	12	26.439	7	36.334	11	6.399	15	73.082	3
	中国	96.944	1	83.566	1	72.667	2	40.337	8	57.612	9
	巴西	6.558	15	23.297	9	36.620	10	6.913	14	52.605	11
	墨西哥	15.484	14	24.658	8	29.385	12	18.342	13	46.060	12
	俄罗斯	60.143	5	59.585	2	95.784	1	28.099	12	22.027	14
	土耳其	66.476	2	22.456	10	13.494	15	35.631	10	16.836	15

由图17可以看出，韩国的规模增长指数逐年缓慢升高，巴西和美国的规模增长指数呈波动中上升的趋势。中国的规模增长指数在2017~2020年

逐年下降，2021年出现回升，以57.612居于第9位（见表8），可见中国在新冠疫情的影响下，规模增长指数由国际领先地位跌至中游地位，而后又开始有所回升。

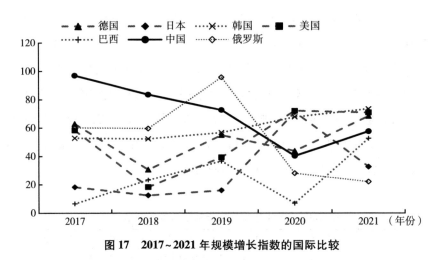

图17 2017~2021年规模增长指数的国际比较

2. 规模增长指数内部结构的国际比较

规模增长指数下设收入增长率、支出增长率两个三级指标。收入增长率的测算公式为（本年财政总收入－上年财政总收入）／上年财政总收入×100%；支出增长率的测算公式为（本年财政总支出－上年财政总支出）／上年财政总支出×100%。

图18和图19展示了7个国家2020年和2021年的财政收入增长率和支出增长率。结合两图可以看出，2020年为了应对新冠疫情冲击所有国家都提高了财政支出水平，特别是美国和日本，增长率都超过了20%，中国的财政支出增长率也有10.07%。另外，包括中国在内的4个国家的收入增长率为负，说明新冠疫情确实影响了政府的财政收入，其中受影响最大的是巴西，财政收入下降了10.76%。虽然美国、韩国和日本收入增长率为正，但收入增长率数值不大，且都远低于支出增长率。而2021年情况相反，随着新冠疫情冲击的减弱，财政收入状况得到改善，收入增长率普遍较高，巴西的收入增长率达到了18.07%的水平，最低的日本也有7.91%的收入增长

率。2021 年的支出增长率普遍下降，俄罗斯、巴西和日本支出增长率转负，其他国家支出增长率最高也只有 8.02%，都小于收入增长率。从图 20 可以看出，2019~2021 年，7 个国家的财政收入年均增长率均为正，其中韩国的最高，俄罗斯的最低；除了巴西以外其他 6 国财政支出年均增长率均为正，其中美国的最高。中国 2019~2021 年财政收入和财政支出的年均增长率分别为 5.68% 和 5.53%，略低于 2018~2019 年的财政收入年均增长率 7.71% 和财政支出年均增长率 11.23%，说明截至 2021 年底中国政府的财政能力尚未完全恢复。

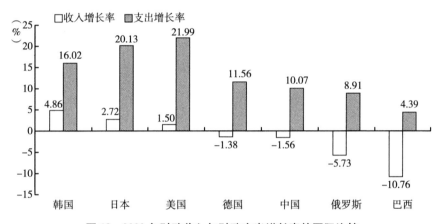

图 18　2020 年财政收入与财政支出增长率的国际比较

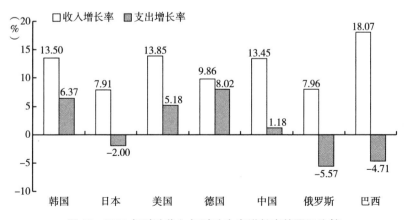

图 19　2021 年财政收入与财政支出增长率的国际比较

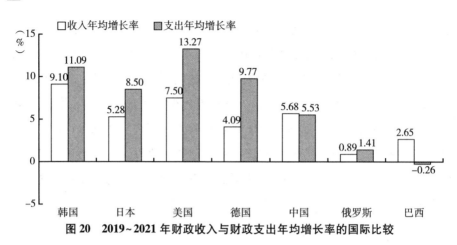

图 20　2019～2021 年财政收入与财政支出年均增长率的国际比较

三　财政稳定指数

（一）财政稳定指数总体分析

1.财政稳定指数历年趋势的国际比较

财政稳定指数反映了一个国家财政的稳健程度及潜在风险。该指数通过对财政赤字指数和债务风险指数进行等权重加总得出。

表 9 给出了 2012～2021 年 15 个国家财政稳定指数和排名情况，图 21 展示了 2017～2021 年 7 个重点国家财政稳定指数的变化趋势。

表 9　2012～2021 年财政稳定指数和排名的国际比较

国家		2012 年		2013 年		2014 年		2015 年		2016 年	
		指数值	排名	指数值	排名	指数值	排名	指数值	排名	指数值	排名
发达国家	韩国	79.516	1	76.885	1	85.446	1	87.927	1	94.223	1
	德国	45.938	9	51.602	7	64.209	3	79.396	2	82.340	2
	日本	57.611	4	47.947	10	55.663	6	57.486	7	59.021	6
	澳大利亚	41.397	11	57.295	3	56.925	5	59.374	5	52.525	10
	法国	43.043	10	40.969	12	44.534	11	58.254	6	55.094	7
	加拿大	52.487	7	51.673	6	61.041	4	56.646	9	61.260	5
	意大利	39.895	12	38.302	13	43.934	12	57.193	8	61.784	4
	英国	39.660	13	34.111	14	28.923	14	47.457	11	36.340	13
	美国	28.399	14	12.920	15	24.960	15	30.410	14	35.127	14

续表

国家		2012 年		2013 年		2014 年		2015 年		2016 年	
		指数值	排名	指数值	排名	指数值	排名	指数值	排名	指数值	排名
发展中国家	俄罗斯	69.989	2	54.984	4	50.685	7	41.305	12	53.056	9
	墨西哥	47.278	8	50.247	9	49.773	8	64.177	4	64.386	3
	巴西	52.565	6	44.692	11	30.508	13	0.253	15	6.468	15
	土耳其	58.371	3	63.109	2	64.358	2	73.160	3	53.883	8
	南非	52.944	5	53.590	5	49.365	9	38.382	13	50.558	11
	中国	15.899	15	51.435	8	48.730	10	56.325	10	45.935	12

国家		2017 年		2018 年		2019 年		2020 年		2021 年	
		指数值	排名	指数值	排名	指数值	排名	指数值	排名	指数值	排名
发达国家	韩国	94.422	1	78.282	2	73.734	2	83.128	2	61.423	3
	德国	81.973	2	81.213	1	86.308	1	69.531	3	51.472	4
	日本	59.695	7	60.957	5	71.987	3	64.494	4	45.146	5
	澳大利亚	76.238	3	62.691	4	17.711	15	42.320	9	40.883	7
	法国	63.025	5	58.447	7	56.970	5	49.356	8	37.065	9
	加拿大	71.104	4	69.573	3	66.863	4	19.138	13	34.582	11
	意大利	60.978	6	60.033	6	49.002	9	33.895	12	20.258	13
	英国	49.174	11	48.049	9	49.148	7	13.247	15	17.881	14
	美国	53.235	9	37.182	11	42.012	10	18.511	14	13.146	15
发展中国家	俄罗斯	51.531	10	56.692	8	55.596	6	52.544	5	75.132	1
	墨西哥	58.412	8	38.164	10	49.082	8	89.296	1	65.255	2
	巴西	0.000	15	29.073	14	28.290	11	51.139	7	44.174	6
	土耳其	43.656	14	36.420	12	19.412	14	52.349	6	38.645	8
	南非	44.484	13	20.936	15	21.256	13	39.992	10	34.874	10
	中国	45.389	12	32.464	13	26.799	12	34.626	11	25.831	12

就 15 个国家 2012~2021 年的整体发展趋势来看，大部分国家财政稳定指数的波动较大，其中 2017~2021 年，俄罗斯、巴西和墨西哥呈现上升趋势，大部分发达国家如美国、英国、加拿大、意大利及韩国等呈下降趋势。就 2021 年的排名而言，财政稳定指数排名第 1 的为俄罗斯，排名第 2 的是墨西哥，二者均为发展中国家，但其他发展中国家的财政稳定指数排名均不靠前，中国的财政稳定指数排名第 12。发达国家中韩国（排名第 3）、德国

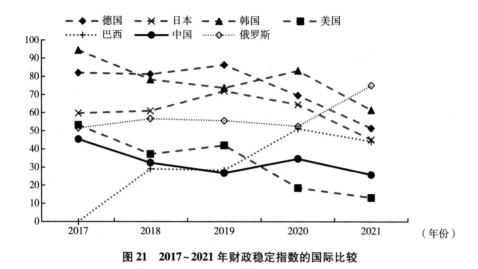

图21 2017~2021年财政稳定指数的国际比较

（排名第4）、日本（排名第5）的财政稳定指数排名靠前，加拿大（排名第11）、意大利（排名第13）、英国（排名第14）、美国（排名第15）的财政稳定指数排名靠后。

由图21可以看出，中国的财政稳定指数在2017~2021年整体呈现下滑趋势，其中2018年及2021年降幅较大，2021年中国财政稳定指数为25.83，排名第12。此处需要说明的是，为保持各国财政赤字统计标准的一致性，计算中国财政赤字时使用的是四本预算全口径的财政收入与支出数据。①

2. 财政稳定指数内部结构的国际比较

鉴于"量入为出"的原则以及债务风险控制的基本要求，财政稳定指数由财政赤字指数和债务风险指数两个二级指标构成，分别用于衡量一个国家的财政赤字水平和债务风险情况。

---

① 2021年财政决算报告中提到，用于计算赤字的财政收入总量口径为"一般公共预算收入+中央和地方财政从预算稳定调节基金、政府性基金预算、国有资本经营预算调入资金+地方财政使用结转结余资金"，用于计算赤字的财政支出总量口径为"一般公共预算支出+补充中央预算稳定调节基金"。由此可知，政府性基金预算、国有资本经营预算、社会保障基金预算的收支缺口数据并未纳入财政赤字的官方口径。

表 10 和图 22 分别给出了 2021 年财政稳定指数的排名变动和内部结构情况。与 2020 年相比，2021 年财政稳定指数排名上升幅度最大的国家是俄罗斯，排名由第 5 跃升至第 1；土耳其的财政稳定指数排名下跌幅度最大，从第 6 跌至第 8。中国的财政稳定指数排名一直靠后且在 2021 年下降一名。进一步分析财政稳定指数下设的财政赤字指数和债务风险指数两个二级指标，可以发现 2021 年中国财政稳定指数的排名靠后主要与债务风险指数有关，财政赤字指数位列第 8，而债务风险指数则位于第 13。受新冠疫情影响，中国政府的税收收入下降，政府通过对外发行债券来筹措资金，致使债务风险指数排名下降。可以看出，中国的财政稳定性在一定程度上需要改善，尤其需要关注控制与化解政府的债务风险。

表 10　2021 年财政稳定指数及其二级指标排名

国家		财政稳定指数	财政稳定指数排名	排名较上一年变动	财政稳定指数的二级指标排名	
					财政赤字指数	债务风险指数
发达国家	德国	51.472	4	−1	7	2
	韩国	61.423	3	−1	3	3
	日本	45.146	5	−1	11	4
	加拿大	34.582	11	2	12	5
	法国	37.065	9	−1	10	8
	英国	17.881	14	1	14	9
	意大利	20.258	13	−1	13	11
	美国	13.146	15	−1	15	10
	澳大利亚	40.883	7	2	9	7
发展中国家	俄罗斯	75.132	1	4	2	1
	墨西哥	65.255	2	−1	4	—
	中国	25.831	12	−1	8	13
	巴西	44.174	6	1	6	6
	土耳其	38.645	8	−2	1	14
	南非	34.874	10	0	5	12

注：墨西哥债务风险指数的数据缺失。

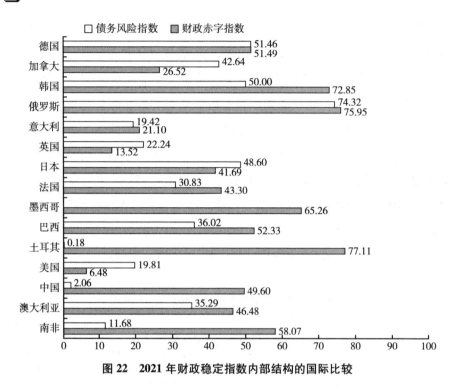

图22　2021年财政稳定指数内部结构的国际比较

由图23可以看出，中国的债务风险指数整体偏低，10年间表现为先上升后下降的趋势，指数在0~60波动，2012~2014年债务风险指数在20附近，2015年债务风险指数增长迅速，达到10年间最高水平56.83，随后在2016~2019年债务风险指数逐渐回落，2020年小幅上升，2021年大幅下降至2.06。财政赤字指数整体上高于债务风险指数，2013~2018年呈现下降趋势，2019~2021年逐渐回升至49.60。

（二）财政稳定指数的二级指标——财政赤字指数

1.财政赤字指数历年趋势的国际比较

财政赤字指数由财政赤字率和财政赤字率波动构成，反映了一国财政赤字水平及其波动情况。表11给出了15个国家2017~2021年财政赤字指数及排名，图24展示了7个重点国家财政赤字指数在2017~2021年的变动情况及变化趋势。

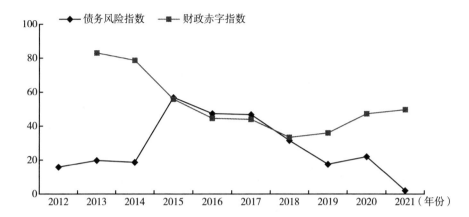

图 23　2012~2021 年中国财政稳定指数内部结构的趋势

注：中国 2012 年财政赤字指数的数据缺失。

表 11　2017~2021 年财政赤字指数和排名的国际比较

国家		2017 年		2018 年		2019 年		2020 年		2021 年	
		指数值	排名	指数值	排名	指数值	排名	指数值	排名	指数值	排名
发达国家	韩国	90.109	1	82.406	2	77.864	3	84.544	3	72.847	3
	德国	88.016	2	85.034	1	91.398	1	73.725	5	51.487	7
	澳大利亚	74.018	5	70.558	5	8.233	15	43.641	10	46.480	9
	法国	70.830	6	62.383	6	64.316	6	53.274	7	43.298	10
	日本	40.219	14	53.334	7	65.548	5	43.108	11	41.690	11
	加拿大	78.353	3	82.256	3	85.319	2	16.123	13	26.521	12
	意大利	77.192	4	71.151	4	75.081	4	41.835	12	21.100	13
	英国	52.468	11	45.542	9	59.054	7	8.539	15	13.522	14
	美国	60.963	8	44.601	10	37.386	11	9.339	14	6.482	15
发展中国家	土耳其	49.649	12	38.621	11	31.554	14	90.012	1	77.106	1
	俄罗斯	66.420	7	50.000	8	50.000	8	76.782	4	75.947	2
	墨西哥	58.412	9	38.164	12	49.082	9	89.296	2	65.255	4
	南非	55.103	10	37.405	13	38.886	10	53.903	6	58.067	5
	巴西	0.000	15	28.072	15	34.080	13	50.593	8	52.330	6
	中国	44.010	13	33.361	14	36.001	12	47.213	9	49.604	8

就 2017~2021 年 15 个国家财政赤字指数的整体发展趋势而言，俄罗斯、墨西哥、南非、巴西、中国的财政赤字指数表现为向好趋势；德国、法国、加拿大、意大利、英国、美国的财政赤字指数呈现向差趋势。就 2021 年的排名而言，土耳其的财政赤字状况最好，俄罗斯次之，中国的财政赤字指数及排名均有所上升，意大利、英国、美国的财政赤字指数居于后三位。

图 24 显示，韩国的财政赤字指数虽在部分年份有下降趋势但降幅较小，整体表现平稳，且一直居于前列。德国和日本的财政赤字指数在 2017~2019 年呈现上升趋势，但在 2019~2021 年呈明显下降态势。俄罗斯的财政赤字指数则在 2017~2019 年呈下降态势，在 2020 年短暂上升后，2021 年又开始小幅下降，虽然有一定波动，但排名上升较为迅速。美国 2017~2021 年财政赤字指数下降趋势明显且降幅较大。巴西 2017~2021 年的财政赤字指数逐年上升。中国的财政赤字指数在 2018 年有所下降，但在 2019~2021 年逐渐回升。

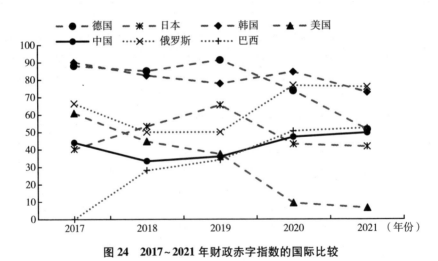

图 24　2017~2021 年财政赤字指数的国际比较

2. 财政赤字指数内部结构的国际比较

从水平值和波动值两个方面对财政赤字指数进行分析，具体包括两个三级指标：财政赤字率和财政赤字率波动。财政赤字率是通过公式（财政总支出-财政总收入）/GDP×100%进行测算的，财政赤字率波动则通过计算财政赤字率在过去5年数据的标准差来衡量。

从图25可以看出，针对按国际可比口径测算的全口径财政赤字率，2021年俄罗斯的财政赤字率为负数，说明其出现了财政盈余，韩国的财政赤字率仅为0.32%，说明其基本处于财政收支平衡，日本及中国的财政赤字率在6%附近，南非的财政赤字率为5.3%，美国的财政赤字率最高，高达11.52%。2017~2021年，美国的财政赤字率波动最大，其次为日本、德国、俄罗斯，中国、韩国和南非位于后三位。需要注意的是，按照中国官方口径测算的财政赤字率为2.97%，近5年财政赤字率波动为0.36，均低于按国际可比口径测算的财政赤字率（6.09%）和近5年财政赤字率波动（2.23）。[①] 虽然本报告测算的中国财政赤字率水平及其波动较高，但是笔者认为如果将一般公共预算外的财政资金纳入财政赤字水平的测算，更利于财政部门意识到财政赤字风险问题从而提前进行化解。

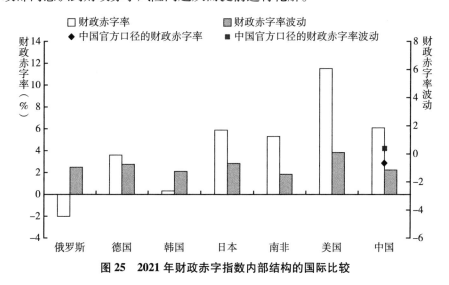

图25 2021年财政赤字指数内部结构的国际比较

---

① 国际可比口径的财政赤字是指一般公共预算、政府性基金预算、国有资本经营预算、社会保障基金预算四本预算全口径财政支出与收入的差值。根据2021年财政决算报告，中国官方的财政收入总量口径为"一般公共预算收入+中央和地方财政从预算稳定调节基金、政府性基金预算、国有资本经营预算调入资金+地方财政使用结转结余资金"，财政支出总量口径为"一般公共预算支出+补充中央预算稳定调节基金"。政府性基金预算、国有资本经营预算、社会保障基金预算的收支缺口数据未纳入财政赤字的官方口径。

（三）财政稳定指数的二级指标——债务风险指数

1. 债务风险指数历年趋势的国际比较

债务风险指数由短期偿债能力和债务增长空间两个指标同等权重加总得出，可以反映政府的债务风险水平。表 12 给出了 14 个国家 2017～2021 年的债务风险指数和排名，图 26 显示了重点国家债务风险指数在 2017～2021 年的变动情况及变化趋势。

表 12 2017～2021 年债务风险指数和排名的国际比较

国家		2017 年		2018 年		2019 年		2020 年		2021 年	
		指数值	排名	指数值	排名	指数值	排名	指数值	排名	指数值	排名
发达国家	德国	75.931	4	77.392	1	81.219	1	65.337	3	51.458	2
	韩国	98.736	1	74.158	2	69.603	3	81.711	2	50.000	3
	日本	79.171	2	68.580	3	78.427	2	85.880	1	48.602	4
	加拿大	63.855	5	56.890	5	48.407	6	22.152	11	42.644	5
	澳大利亚	78.457	3	54.823	6	27.188	9	40.998	6	35.285	7
	法国	55.221	6	54.510	7	49.625	5	45.437	5	30.833	8
	英国	45.879	8	50.556	8	39.243	8	17.955	13	22.241	9
	美国	45.508	9	29.763	13	46.637	7	27.683	8	19.810	10
	意大利	44.764	10	48.914	9	22.924	10	25.954	10	19.416	11
发展中国家	俄罗斯	36.641	12	63.384	4	61.193	4	28.305	7	74.318	1
	巴西	0.000	14	30.075	12	22.499	11	51.684	4	36.018	6
	南非	33.865	13	4.467	14	3.626	14	26.082	9	11.681	12
	中国	46.768	7	31.567	11	17.598	12	22.038	12	2.057	13
	土耳其	37.664	11	34.219	10	7.270	13	14.685	14	0.183	14

注：墨西哥债务风险指数的数据缺失。

各个国家债务风险指数在 2017～2021 年的整体发展趋势为：德国、日本和韩国的债务风险指数趋势相对平稳，稳居前 4 名，但指数值都在 2021 年有所下降；意大利、土耳其和南非的债务风险指数趋势相对平稳，排名一直靠后；巴西在波动中呈上升趋势；中国呈现下降趋势；其余国家债务风险指数的波动较大。就 2021 年的债务风险指数排名而言，俄罗斯位列第 1，巴西排名居中为第 6，但其余发展中国家排名均靠后，南非、

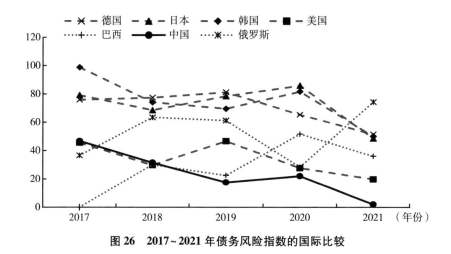

图 26　2017～2021 年债务风险指数的国际比较

中国和土耳其分别为第 12、第 13 和第 14；发达国家中的德国、韩国和日本排名靠前，分别为第 2、第 3 和第 4，美国和意大利的排名相对靠后，分别为第 10 和第 11。

就中国而言，中国的债务风险指数在 2017～2021 年整体呈下降趋势，仅在 2020 年有小幅上升。中国债务风险指数在 2017 年最高，为 46.768，排名第 7，但随后下滑至 2019 年的 17.598，排名第 12，2020 年指数略有上升但仍排名第 12，2021 年下降至 2.057。可以看出，受新冠疫情的影响，中国的政府债务风险状况恶化，需要财政部门高度重视，提前做好化解政府债务的方案。

2. 债务风险指数内部结构的国际比较

债务风险指数下设短期偿债能力和债务增长空间两个三级指标。短期偿债能力的测算公式为政府金融资产/政府当年利息支出×100%，债务增长空间的测算公式为 GDP 增长率-政府债务余额增长率。

由图 27 可知，韩国、日本和德国的债务风险指数排名靠前主要得益于其较强的短期偿债能力，而俄罗斯债务风险指数排名第 1 主要得益于其较大的债务增长空间。美国的债务风险指数排名靠后主要是因为其短期偿债能力很弱。中国的债务风险指数排名靠后主要是由于其短期偿债能力很弱并且债务增长空间十分有限，所以2021年的债务风险指数低于图27中的其他国家。

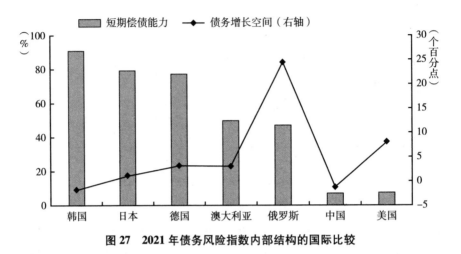

图27 2021年债务风险指数内部结构的国际比较

四　财政均等指数

（一）财政均等指数总体分析

1. 财政均等指数历年趋势的国际比较

财政均等指数反映了财政提供基本公共服务的均等化水平，由教育均等指数和医疗均等指数两个指标等权加总得出。表13给出了2012~2021年15个国家的财政均等指数和排名，图28给出了2017~2021年7个重点国家财政均等指数的变化趋势。

就15个国家总体而言，2012~2021年大多数国家表现比较平稳，只出现小幅波动，澳大利亚、日本和南非呈向好的发展趋势，加拿大和俄罗斯呈向差的发展趋势。就2021年的排名而言，除美国排在第13名、韩国排在第11名外，其他发达国家的财政均等指数普遍排名较为靠前；土耳其（排名第8）和南非（排名第7）的财政均等指数水平在发展中国家中处于前列。

表 13　2012~2021 年财政均等指数和排名的国际比较

国家		2012 年		2013 年		2014 年		2015 年		2016 年	
		指数值	排名	指数值	排名	指数值	排名	指数值	排名	指数值	排名
发达国家	澳大利亚	79.009	2	81.390	1	80.110	1	84.928	1	81.762	1
	法国	73.982	3	68.996	2	67.392	3	63.380	3	60.165	3
	英国	50.921	6	64.986	3	74.898	2	64.726	2	63.740	2
	日本	57.433	5	56.178	5	56.313	5	54.026	5	51.045	5
	加拿大	80.429	1	61.870	4	61.998	4	54.663	4	53.392	4
	德国	63.726	4	54.323	6	52.442	6	48.538	6	44.905	6
	意大利	46.313	7	46.710	7	44.667	7	42.086	7	42.218	7
	韩国	28.017	12	22.928	11	22.739	11	22.106	10	21.112	11
	美国	1.263	15	18.368	13	16.048	12	14.996	12	13.277	12
发展中国家	南非	28.985	11	30.048	10	31.531	10	21.220	11	23.038	10
	土耳其	18.486	13	36.409	9	38.110	9	36.082	9	36.920	9
	中国	40.786	9	38.639	8	40.465	8	41.909	8	39.902	8
	巴西	35.935	10	22.054	12	13.916	13	7.318	14	7.832	14
	墨西哥	17.985	14	7.232	15	9.475	14	9.457	13	10.778	13
	俄罗斯	40.915	8	10.763	14	4.258	15	3.225	15	4.576	15

国家		2017 年		2018 年		2019 年		2020 年		2021 年	
		指数值	排名	指数值	排名	指数值	排名	指数值	排名	指数值	排名
发达国家	澳大利亚	90.749	1	90.584	1	86.942	1	88.168	1	86.420	1
	法国	60.466	3	61.501	3	60.015	3	61.714	2	61.955	2
	英国	66.206	2	65.244	2	60.033	2	60.051	3	61.072	3
	日本	52.090	5	53.568	5	53.073	4	55.357	4	56.546	4
	加拿大	52.706	4	54.663	4	51.978	5	53.910	5	55.935	5
	德国	45.429	6	45.610	6	45.093	6	47.072	6	48.406	6
	意大利	41.862	7	42.510	7	42.481	8	44.207	9	46.243	9
	韩国	22.315	11	23.618	11	23.416	11	25.187	11	28.023	11
	美国	13.253	12	13.310	12	12.959	12	15.203	12	18.542	13
发展中国家	南非	25.676	10	27.645	10	28.080	10	36.094	10	48.361	7
	土耳其	39.519	9	42.473	8	41.010	9	45.706	7	46.751	8
	中国	41.461	8	42.429	9	43.845	7	44.218	8	45.487	10
	巴西	9.150	14	13.309	13	9.534	14	14.152	13	20.861	12
	墨西哥	11.345	13	13.178	14	11.499	13	13.769	14	13.491	14
	俄罗斯	6.273	15	10.669	15	9.209	15	0.000	15	11.071	15

由图 28 可知，中国的财政均等指数在 2017~2021 年整体表现出稳中有升的趋势，在 7 国之中的指数水平居于中间位置。与中国相比，德国和日本一直稳居前列，韩国和美国则稍显落后，俄罗斯的财政均等指数最低。2021 年，俄罗斯的财政均等指数明显上升，其他 6 个国家的指数则呈现缓慢上升趋势。

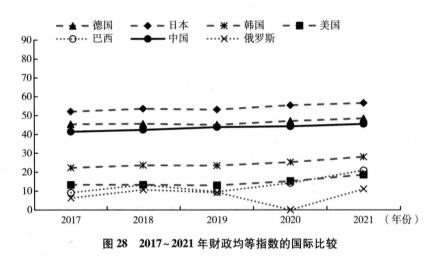

图 28　2017~2021 年财政均等指数的国际比较

2. 财政均等指数内部结构的国际比较

限于国际相关数据的可获得性，财政均等指数下设教育均等指数和医疗均等指数两个二级指标，二者分别反映了政府在教育公共服务和医疗卫生公共服务方面的供给水平。

如表 14 所示，相较于 2020 年，2021 年有 10 个国家的排名无变动，美国、土耳其的排名均下降了 1 名，中国的排名下降了 2 名，巴西的排名上升了 1 名，南非的排名上升了 3 名；就财政均等指数结构而言，澳大利亚的教育均等指数和医疗均等指数均排名第 1，墨西哥的教育均等指数排在最后一名，美国的医疗均等指数排在最后一名。

在图 29 中，将中国 2021 年财政均等指数下的两个二级指标与其他国家进行比较，可以发现中国的教育均等指数相对偏低，仅为 32.86。由此可知，中国财政均等指数排名尚未处于前列的关键原因在于教育均等指数较低，排名比较靠后。

表14　2021年财政均等指数及其二级指标排名

国家		财政均等指数	财政均等指数排名	排名较上一年变动	财政均等指数二级指标排名	
					教育均等指数	医疗均等指数
发达国家	澳大利亚	86.420	1	0	1	1
	日本	56.546	4	0	5	4
	英国	61.072	3	0	10	2
	法国	61.955	2	0	7	3
	意大利	46.243	9	0	2	9
	加拿大	55.935	5	0	3	5
	德国	48.406	6	0	8	7
	韩国	28.023	11	0	9	11
	美国	18.542	13	−1	11	12
发展中国家	土耳其	46.751	8	−1	4	8
	中国	45.487	10	−2	12	6
	俄罗斯	11.071	15	0	14	—
	南非	48.361	7	3	6	—
	墨西哥	13.491	14	0	15	10
	巴西	20.861	12	1	13	—

注：俄罗斯、南非和巴西的医疗均等指数数据缺失。

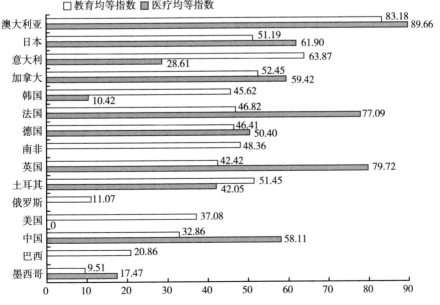

图29　2021年财政均等指数内部结构的国际比较

如图 30 所示，就 2012～2021 年中国教育均等指数和医疗均等指数的整体发展趋势而言：教育均等指数在 2012～2016 年呈现下降的趋势，2016～2021 年在小幅波动中表现出回升趋势；医疗均等指数表现出逐年提高的趋势，指数从 2012 年的 40.47 增长至 2021 年的 58.11。

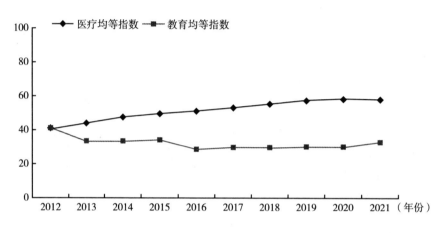

图 30　2012～2021 年中国财政均等指数内部结构的趋势分析

（二）财政均等指数的二级指标——教育均等指数

1. 教育均等指数历年趋势的国际比较

教育均等指数反映了政府在教育公共服务方面的供给水平，由中学教育普及度和公立校生师比两个指标等权加总得出。表 15 给出了 15 个国家教育均等指数在 2017～2021 年的指数值和排名，图 31 描绘了 7 个重点国家在 2017～2021 年教育均等指数的变化趋势。

由表 15 可知，15 个国家 2017～2021 年的整体发展趋势为：大多数国家的教育均等指数发展趋势较为平稳且排名变化不大，部分国家呈现波动趋势，其中加拿大、土耳其和南非的教育均等指数呈现向好趋势；就 2021 年的排名而言，发达国家整体的教育均等指数排名较为靠前，而发展中国家整体的排名较为靠后，发达国家的教育均等指数水平整体上高于发展中国家。

表15　2017~2021年教育均等指数和排名的国际比较

国家		2017年		2018年		2019年		2020年		2021年	
		指数值	排名	指数值	排名	指数值	排名	指数值	排名	指数值	排名
发达国家	澳大利亚	84.581	1	85.006	1	82.409	1	82.334	1	83.178	1
	意大利	53.431	2	54.649	2	53.677	2	58.530	2	63.874	2
	加拿大	43.639	4	47.060	4	43.549	3	46.910	4	52.455	3
	日本	40.656	5	42.980	6	42.113	4	46.910	5	51.193	5
	法国	38.358	7	40.309	7	38.703	7	42.698	6	46.824	7
	德国	37.212	8	37.876	8	37.362	8	41.856	7	46.409	8
	韩国	34.335	9	36.742	9	36.765	9	39.901	8	45.622	9
	英国	51.078	3	49.196	3	38.983	6	39.728	9	42.423	10
	美国	26.292	11	26.530	12	25.744	12	30.406	11	37.085	11
发展中国家	土耳其	39.395	6	44.135	5	40.978	5	48.053	3	51.454	4
	南非	25.676	12	27.645	11	28.080	11	36.094	10	48.361	6
	中国	29.737	10	29.456	10	30.033	10	29.903	12	32.859	12
	巴西	9.150	13	13.309	13	9.534	13	14.152	13	20.861	13
	俄罗斯	6.273	15	10.669	14	9.209	14	0.000	15	11.071	14
	墨西哥	7.064	14	10.471	15	7.810	15	9.399	14	9.508	15

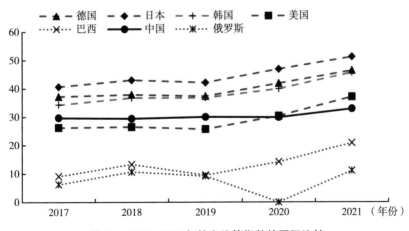

图31　2017~2021年教育均等指数的国际比较

由图31可以看出，在被比较的7个国家之中，日本一直稳居前列。德国和韩国的教育均等指数水平与变化趋势较为接近，均呈现小幅上升的趋势。巴西、俄罗斯的教育均等指数始终低于其他国家，尽管在2021年有所提升，但总体仍然处于较低水平。中国的教育均等指数在2017~2021年呈现轻微波动。

2.教育均等指数内部结构的国际比较

教育均等指数下设中学教育普及度和公立校生师比两个三级指标。中学教育普及度的测算公式为接受中等教育的在校学生数/适龄人口×100%（含初中和高中），公立校生师比指标的测算方法为对公立小学、初中、高中的生师比（学生数/老师数）三个指标进行等权加总。

如图32所示，在被比较的国家之中，中学教育普及度最高的国家是英国，最低的国家是中国，仅有89.58%的适龄人口能够接受初中和高中教育；公立校生师比较高的三个国家是韩国、德国和中国，最低的国家是墨西哥，墨西哥的公立校生师比远低于其他国家。中国的公立校生师比并不低，其教育均等指数排名落后的原因主要是中学教育普及度相对较低。因此，建议中国政府加大中等教育的投入，扩大招生规模，丰富初高中学位资源。

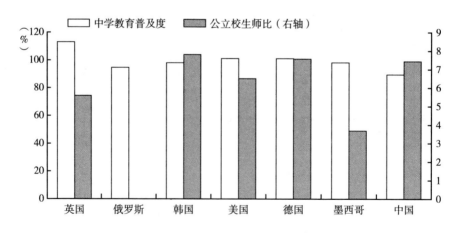

图32 2021年教育均等指数内部结构的国际比较

注：俄罗斯的公立校生师比数据缺失。

（三）财政均等指数的二级指标——医疗均等指数

1.医疗均等指数历年趋势的国际比较

医疗均等指数反映了政府提供的医疗公共服务水平，由公立医院数和公立医疗床位数两个指标等权加总得出。表16给出了12个国家在2017~2021年的医疗均等指数和排名，图33呈现了重点国家在2017~2021年医疗均等指数的变化趋势。

表16中12个国家在2017~2021年的总体发展趋势为：各国医疗均等指数及排名总体上保持相对稳定，波动幅度较小，中国的排名出现向好趋势。就医疗均等指数的排名而言，澳大利亚、英国和法国稳居前三位，墨西哥、韩国和美国居于后三位。

由图33可知，中国的医疗均等指数在2017~2021年整体呈现上升趋势，处于中间水平，低于日本和英国，但高于韩国和墨西哥。虽然2021年英国、日本、墨西哥、中国和韩国的指数表现为小幅回落，但是中国整体的医疗均等指数仍然保持在较为稳定的上升轨道上。

表16　2017~2021年医疗均等指数和排名的国际比较

国家		2017 年		2018 年		2019 年		2020 年		2021 年	
		指数值	排名	指数值	排名	指数值	排名	指数值	排名	指数值	排名
发达国家	澳大利亚	96.918	1	96.161	1	91.476	1	94.002	1	89.663	1
	英国	81.333	3	81.292	3	81.083	3	80.374	3	79.721	2
	法国	82.574	2	82.692	2	81.327	2	80.729	2	77.085	3
	日本	63.524	4	64.156	4	64.033	4	63.803	4	61.898	4
	加拿大	61.774	5	62.266	5	60.408	5	60.910	5	59.416	5
	德国	53.646	6	53.345	7	52.825	7	52.289	7	50.402	7
	意大利	30.293	9	30.371	9	31.285	9	29.883	9	28.612	9
	韩国	10.294	11	10.494	11	10.067	11	10.473	11	10.423	11
	美国	0.213	12	0.090	12	0.174	12	0.000	12	0.000	12
发展中国家	中国	53.186	7	55.402	6	57.657	6	58.533	6	58.115	6
	土耳其	39.643	8	40.810	8	41.041	8	43.360	8	42.049	8
	墨西哥	15.625	10	15.885	10	15.188	10	18.139	10	17.474	10

注：俄罗斯、巴西和南非缺失医疗均等指数相关数据。

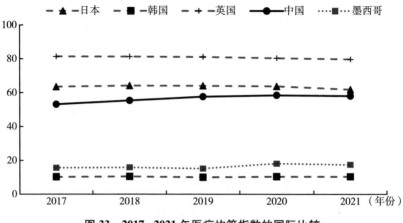

图 33　2017~2021 年医疗均等指数的国际比较

2. 医疗均等指数内部结构的国际比较

医疗均等指数下设公立医院数和公立医疗床位数两个三级指标。公立医院数的测算公式为公立医院数/总人口，公立医疗床位数的测算公式为公立医院床位数/总人口。

如图 34 所示，在 7 个国家中，公立医院数最高的国家是英国，其次为法国和加拿大，最低的国家是韩国。公立医疗床位数最高的国家是中国，其次是法国和日本，最低的国家同样是韩国。就中国而言，中国虽然公立医院

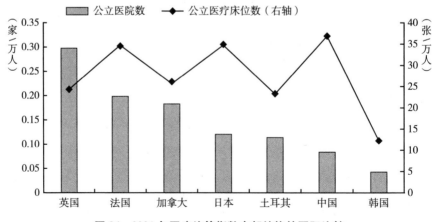

图 34　2021 年医疗均等指数内部结构的国际比较

数相对较少，但公立医疗床位数却是最高的，这表明中国医疗公共服务的现状是公立医院的规模较大，平均每家公立医院拥有的床位数较多。

五 财政潜力指数

（一）财政潜力指数总体分析

1.财政潜力指数历年趋势的国际比较

财政潜力指数反映了宏观经济长期持续稳定增长的能力，代表了财政发展的基础与潜力水平，由人力资源指数、基础设施指数、科技创新指数、营商环境指数和国际贸易指数5个指标等权加总而得出。表17给出了15个国家2012~2021年的财政潜力指数和排名，图35展示了重点国家2017~2021年财政潜力指数的变化趋势。

表17 2012~2021年财政潜力指数和排名的国际比较

国家		2012 年		2013 年		2014 年		2015 年		2016 年	
		指数值	排名	指数值	排名	指数值	排名	指数值	排名	指数值	排名
发达国家	美国	54.855	4	53.120	5	57.867	4	61.439	4	57.327	4
	德国	61.442	2	62.191	2	65.070	2	67.337	2	64.714	3
	韩国	68.163	1	71.055	1	70.847	1	69.746	1	68.236	1
	加拿大	47.122	5	54.485	4	54.169	5	55.291	5	47.589	6
	英国	58.925	3	57.739	3	58.541	3	61.699	3	67.907	2
	法国	41.820	8	43.738	7	43.825	8	48.868	8	45.229	7
	澳大利亚	41.275	9	48.588	6	53.880	6	49.158	7	44.445	8
	日本	44.947	7	43.592	8	50.631	7	50.280	6	51.693	5
	意大利	31.575	11	38.307	12	41.414	9	43.800	9	41.660	9
发展中国家	中国	46.478	6	39.936	11	36.096	11	36.516	11	34.154	11
	俄罗斯	36.935	10	42.995	9	39.506	10	39.457	10	38.457	10
	南非	18.858	14	25.047	13	28.692	13	23.491	14	23.379	13
	土耳其	15.986	15	13.313	15	19.428	14	23.801	13	19.309	14
	墨西哥	26.798	13	40.171	10	29.551	12	35.146	12	27.675	12
	巴西	30.741	12	24.172	14	16.036	15	15.682	15	10.748	15

续表

国家		2017 年		2018 年		2019 年		2020 年		2021 年	
		指数值	排名	指数值	排名	指数值	排名	指数值	排名	指数值	排名
发达国家	美国	63.639	3	64.607	3	64.097	3	68.736	2	67.273	1
	德国	68.886	1	70.930	1	70.723	1	71.005	1	63.120	3
	韩国	64.620	2	67.334	2	65.794	2	65.705	4	62.846	4
	加拿大	49.097	6	50.115	8	54.585	5	63.654	5	61.346	5
	英国	60.848	4	61.236	4	58.481	4	62.052	6	51.594	6
	法国	42.694	10	51.678	6	47.853	9	47.444	8	46.703	7
	澳大利亚	53.226	5	50.518	7	51.822	7	57.131	7	45.678	8
	日本	44.610	8	52.106	5	52.796	6	39.875	9	41.432	9
	意大利	42.489	11	45.645	9	44.831	10	34.583	12	37.262	11
发展中国家	中国	46.974	7	45.458	10	48.786	8	66.878	3	63.636	2
	俄罗斯	43.820	9	39.312	11	43.142	11	37.335	10	38.188	10
	南非	29.915	13	26.113	14	26.162	14	29.592	13	35.460	12
	土耳其	23.758	14	28.577	13	31.878	13	29.514	14	27.080	13
	墨西哥	39.343	12	34.805	12	35.459	12	35.110	11	25.540	14
	巴西	17.140	15	10.089	15	13.499	15	20.163	15	17.643	15

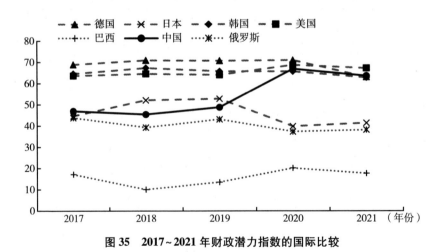

图 35　2017~2021 年财政潜力指数的国际比较

如表 17 所示，2012~2021 年 15 个国家财政潜力指数的整体发展趋势为：大多数国家呈现波动趋势，其中美国、德国和韩国财政潜力指数水平居于前列，绝大多数发达国家财政潜力指数普遍高于发展中国家。就 2021 年的排名而言，发展中国家中只有中国（排名第 2）排名靠前，而发达国家中意大利（排名第 11）排名落后。

就中国而言，中国的财政潜力指数在 2017～2021 年整体呈现波动中上升的趋势，但 2021 年略有下降。2021 年中国的财政潜力指数为 63.636，排名第 2。

2. 财政潜力指数内部结构的国际比较

财政潜力指数下设人力资源指数、基础设施指数、科技创新指数、营商环境指数和国际贸易指数 5 个二级指标，以衡量一国宏观经济长远发展的硬实力和软实力水平。表 18 给出了 2021 年 15 个国家财政潜力指数及其二级指标排名情况，图 36 展示了重点国家 2021 年财政潜力指数内部结构的比较结果。

如表 18 所示，较 2020 年而言，2021 年有 3 个国家的财政潜力指数排名下降，分别是德国、澳大利亚和墨西哥；美国、法国、意大利、中国、土耳其和南非的排名有所上升。就 2021 年财政潜力指数结构而言，中国财政潜力指数排名处于前列，主要原因在于科技创新指数、基础设施指数和营商环境指数排名比较靠前。但是中国的国际贸易指数较低，排名第 12。

表 18 2021 年财政潜力指数及其二级指标排名

国家		财政潜力指数	财政潜力指数排名	排名较上一年变动	财政潜力指数的二级指标排名				
					人力资源指数	基础设施指数	科技创新指数	营商环境指数	国际贸易指数
发达国家	德国	63.120	3	-2	4	7	5	5	1
	韩国	62.846	4	0	3	5	7	6	2
	美国	67.273	1	1	1	2	2	1	15
	英国	51.594	6	0	2	6	10	8	10
	日本	41.432	9	0	5	9	6	11	14
	加拿大	61.346	5	0	7	1	8	2	8
	澳大利亚	45.678	8	-1	6	8	13	7	9
	法国	46.703	7	1	8	4	11	9	11
	意大利	37.262	11	1	11	11	4	13	7

续表

国家		财政潜力指数	财政潜力指数排名	排名较上一年变动	财政潜力指数的二级指标排名				
					人力资源指数	基础设施指数	科技创新指数	营商环境指数	国际贸易指数
发展中国家	中国	63.636	2	1	10	3	1	3	12
	俄罗斯	38.188	10	0	9	10	15	15	3
	墨西哥	25.540	14	-3	14	14	9	12	5
	土耳其	27.080	13	1	13	12	12	14	6
	南非	35.460	12	1	12	15	3	4	4
	巴西	17.643	15	0	15	13	14	10	13

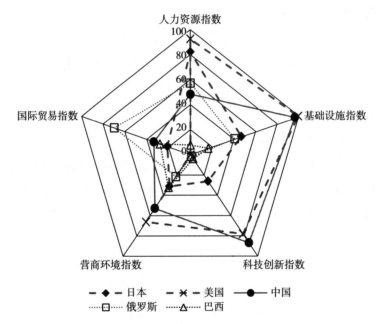

图36　2021年财政潜力指数内部结构的国际比较

如图37所示，2012~2021年中国的财政潜力指数内部二级指标的变化趋势差别较大：人力资源指数在2013年有明显下降趋势，此后2014~2021年指数集中在40~50，呈现较为平稳的趋势；基础设施指数在2016~2021年呈现波动中上升的趋势；科技创新指数在2012~2021年呈平稳上升趋势；营商环境指数在2012~2018年呈现不断波动的趋势，在2019~2020年呈上升态势，2021 年出现小幅度下降；国际贸易指数总体呈现波动下降的趋势，尤其 2018 年下降幅度较大。

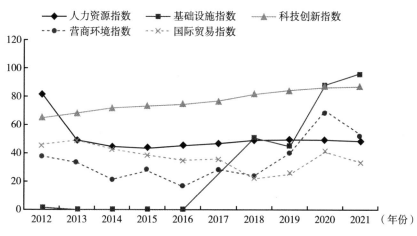

图 37　2012~2021 年中国财政潜力指数内部结构的变化趋势

　　注：2016 年及以前基础设施指数采用机场密度、互联网覆盖率两个指标等权加总计算得出，2017 年开始该数据不再更新，2018~2019 年采用《全球竞争力报告》中的基础设施总分，2020 年及之后基于《世界竞争力手册》中的数据进行测算，故 2017 年基础设施指数数据缺失。

（二）财政潜力指数的二级指标——人力资源指数

1. 人力资源指数历年趋势的国际比较

　　人力资源指数反映了一国的人力资源水平，由居民教育水平和研发人力水平两个指标等权加总而得出。表 19 给出了 15 个国家 2017~2021 年的人力资源指数和排名，图 38 描绘了重点国家 2017~2021 年人力资源指数的变化趋势。

　　15 个国家 2017~2021 年人力资源指数的发展趋势为：美国排名始终居于前列，英国表现为波动中向好的趋势，韩国和德国呈现波动趋势。就 2021 年人力资源指数来看，除了意大利（排名第 11），发达国家的人力资源指数排名整体上要高于发展中国家。

表19　2017~2021年人力资源指数和排名的国际比较

国家		2017 年		2018 年		2019 年		2020 年		2021 年	
		指数值	排名	指数值	排名	指数值	排名	指数值	排名	指数值	排名
发达国家	美国	95. 082	1	91. 176	1	93. 455	1	91. 718	1	92. 505	1
	英国	75. 893	6	85. 294	3	82. 813	4	83. 871	2	89. 231	2
	韩国	87. 629	2	85. 861	2	85. 156	3	83. 871	2	87. 692	3
	德国	85. 867	4	84. 256	4	85. 168	2	83. 640	4	82. 540	4
	日本	82. 239	5	75. 525	5	79. 684	5	78. 199	5	82. 124	5
	澳大利亚	86. 066	3	75. 000	6	78. 125	6	75. 806	6	78. 462	6
	加拿大	69. 323	7	64. 368	7	70. 660	7	70. 572	7	73. 191	7
	法国	63. 013	8	59. 383	8	58. 632	8	57. 521	8	59. 570	8
	意大利	37. 546	11	33. 929	11	34. 347	11	33. 142	11	37. 006	11
发展中国家	俄罗斯	58. 084	9	53. 131	9	53. 552	9	52. 616	9	57. 243	9
	中国	46. 745	10	49. 023	10	49. 420	10	49. 243	10	48. 395	10
	南非	22. 233	12	20. 643	12	20. 082	12	18. 002	12	29. 292	12
	土耳其	12. 499	13	16. 269	13	8. 708	13	10. 110	13	17. 724	13
	墨西哥	7. 787	14	8. 088	14	7. 031	14	6. 452	14	12. 308	14
	巴西	0. 000	15	0. 000	15	1. 562	15	0. 000	15	7. 692	15

注：澳大利亚、墨西哥、巴西人力资源指数的三级指标研发人力水平的相关数据缺失。

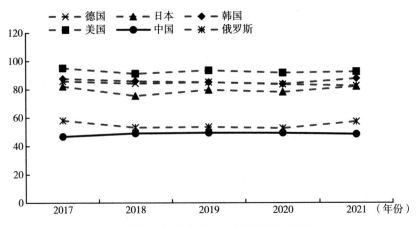

图38　2017~2021年人力资源指数的国际比较

就中国而言，中国的人力资源指数在 2017～2021 年整体比较平稳，呈现先升后降的趋势，2017～2019 年逐渐上升，此后小幅下降；2021 年中国的人力资源指数在 15 个国家中排名第 10。

2. 人力资源指数内部结构的国际比较

人力资源指数下设居民教育水平和研发人力水平两个三级指标。居民教育水平为一国居民的平均受教育年限。研发人力水平为研发人员数量、每百万人中研发人员数量两个指标等权加总计算得出。

如图 39 所示，在 8 个重点国家之中，居民教育水平数值最高的国家是德国，其次是英国和日本，排名靠后的国家是意大利和中国。研发人力水平数值最高的国家是韩国，其次是中国和日本，相对落后的国家是俄罗斯和意大利。

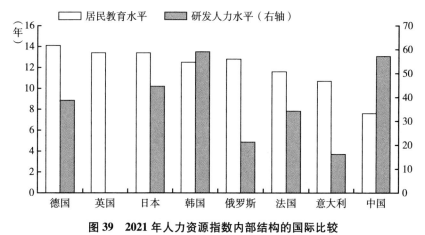

图 39　2021 年人力资源指数内部结构的国际比较

注：英国 2018 年及以后的研发人力水平指标数据缺失。

（三）财政潜力指数的二级指标——基础设施指数

由图 40 可以看出，2021 年，发展中国家中除了中国（排名第 3），其余国家的基础设施指数排名靠后。在 15 个国家之中，加拿大的基础设施指数最高，其次为美国和中国，巴西、墨西哥和南非的基础设施指数排在后三位。其中，加拿大、美国、中国和法国的基础设施指数均在 80 以上，巴西和墨西哥的基础设施指数不到 15。中国的基础设施指数为 86.95，排名第 3。

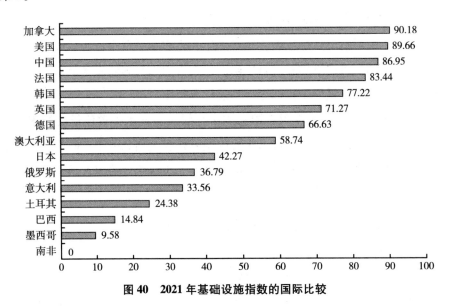

图 40　2021 年基础设施指数的国际比较

（四）财政潜力指数的二级指标——科技创新指数

1. 科技创新指数历年趋势的国际比较

科技创新指数反映了一国的科技创新水平，由研发投入水平、专利申请水平和学术成果水平三个指标等权加总得出。表 20 给出了 15 个国家在 2017~2021 年的科技创新指数和排名，图 41 呈现了重点国家 2017~2021 年科技创新指数的变化趋势。

表 20 显示，2017~2021 年 15 个国家的整体发展趋势为：美国和中国的科技创新指数不仅处于前列而且趋势平稳，韩国、日本和南非的排名呈现上升趋势，德国和墨西哥的排名呈现下滑趋势。就 2021 年排名来看，除中国（排名第 1）、南非（排名第 3）和墨西哥（排名第 9）以外，其他发展中国家的科技创新指数排名均靠后。

表 20　2017~2021 年科技创新指数和排名的国际比较

国家		2017 年		2018 年		2019 年		2020 年		2021 年	
		指数值	排名	指数值	排名	指数值	排名	指数值	排名	指数值	排名
发达国家	美国	83.235	1	81.067	2	84.452	1	82.043	2	78.132	2
	意大利	30.725	4	28.808	6	28.260	5	31.736	4	31.068	4
	德国	30.829	3	30.453	3	29.814	4	28.474	5	27.076	5
	日本	28.141	7	26.905	7	27.340	7	27.711	6	26.067	6
	韩国	26.331	10	25.241	9	26.440	8	26.269	7	25.652	7
	加拿大	28.048	8	26.545	8	26.336	9	24.267	9	24.243	8
	英国	27.008	9	13.244	12	13.448	12	13.714	11	12.960	10
	法国	17.023	11	16.144	10	15.253	10	14.127	10	12.557	11
	澳大利亚	4.731	13	7.708	13	5.542	13	5.634	13	5.425	13
发展中国家	中国	76.921	2	81.498	1	84.374	2	86.227	1	86.924	1
	南非	29.131	6	28.858	5	31.309	3	32.867	3	35.991	3
	墨西哥	29.373	5	29.293	4	27.795	6	24.409	8	22.037	9
	土耳其	16.663	12	13.963	11	13.587	11	12.711	12	11.450	12
	巴西	3.483	14	3.831	14	3.996	14	4.151	14	3.861	14
	俄罗斯	1.205	15	1.166	15	1.428	15	1.640	15	1.677	15

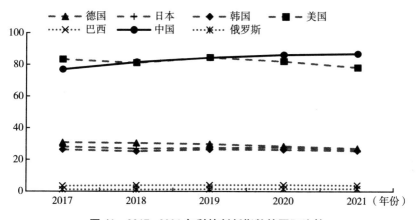

图 41　2017~2021 年科技创新指数的国际比较

就中国而言，由图 41 可知，中国的科技创新指数逐渐实现了对美国的反超，优于德国、日本、韩国、巴西和俄罗斯。中国的科技创新指数在 2017~

2021 年整体呈现稳步上升趋势，但是德国、日本、韩国三个发达国家在 2017~2021 年呈现下降趋势。由此可见，中国在科技创新水平上的发展势头良好。

2. 科技创新指数内部结构的国际比较

科技创新指数下设研发投入水平、专利申请水平和学术成果水平三个三级指标。由图 42 可以看出，在被比较国家之中，中国的专利申请水平和学术成果水平优于其他国家，虽然研发投入水平较美国还有所不足，但相比日本、俄罗斯和德国还是具有明显优势的，这也是中国的科技创新指数可以和美国相媲美的主要原因。

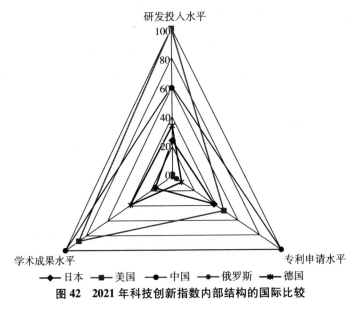

图 42　2021 年科技创新指数内部结构的国际比较

注：本图采用的是无量纲化之后的指标。

（五）财政潜力指数的二级指标——营商环境指数

1. 营商环境指数历年趋势的国际比较

营商环境指数反映了一国企业的营商环境水平，由营商环境水平和外商投资水平两个指标等权加总得出。表 21 给出了 15 个国家 2017~2021 年的营商环境指数和排名，图 43 展示了重点国家 2017~2021 年营商环境指数的变化趋势。

表 21　2017～2021 年营商环境指数和排名的国际比较

国家		2017 年		2018 年		2019 年		2020 年		2021 年	
		指数值	排名	指数值	排名	指数值	排名	指数值	排名	指数值	排名
发达国家	美国	69.713	4	58.145	6	61.712	6	69.202	4	66.307	1
	加拿大	59.689	6	64.089	3	82.602	2	87.580	1	66.029	2
	德国	58.847	7	59.873	4	57.688	7	68.559	5	46.947	5
	韩国	63.428	5	55.717	7	54.911	8	53.649	10	44.287	6
	澳大利亚	88.619	2	94.366	1	85.348	1	64.336	6	37.526	7
	英国	98.785	1	80.675	2	74.451	3	81.046	2	36.519	8
	法国	47.875	9	50.498	8	39.105	12	39.099	11	33.290	9
	日本	39.410	13	39.437	12	38.189	14	25.230	14	31.040	11
	意大利	44.051	11	49.012	9	38.227	13	14.222	15	29.550	13
发展中国家	中国	28.420	14	24.107	15	40.171	11	70.028	3	52.947	3
	南非	22.671	15	30.020	14	32.325	15	31.537	12	50.000	4
	巴西	44.649	10	32.846	13	50.000	9	55.254	8	32.380	10
	墨西哥	70.219	3	58.886	5	65.254	4	62.956	7	30.641	12
	土耳其	40.883	12	42.779	11	48.268	10	54.081	9	27.575	14
	俄罗斯	56.345	8	43.545	10	62.360	5	25.377	13	21.567	15

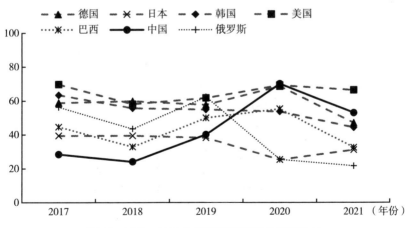

图 43　2017～2021 年营商环境指数的国际比较

由表 21 可知，2017～2021 年 15 个国家营商环境指数的整体发展情况为：大多数国家的排名波动较大，美国、南非、中国和加拿大呈现波动向好的趋势，英国、意大利、墨西哥和俄罗斯呈现波动向差的趋势。就 2021 年排名来看，美国、加拿大和中国位居前三，意大利、土耳其和俄罗斯排在后三位。

由图 43 可知，在 7 个重点国家中，中国营商环境指数在 2017~2021 年整体呈现波动中上升的趋势，2018 年和 2021 年出现下降，但整体上升态势明显，2021 年在 7 个重点国家中排名仅次于美国。这说明中国的营商环境近些年有所改善。

2. 营商环境指数内部结构的国际比较

营商环境指数下设了营商环境水平和外商投资水平两个三级指标。营商环境水平基于世界银行《全球营商环境报告》和《世界竞争力手册》测算得出；外商投资水平＝外商直接投资金额/GDP×100%。

由图 44 可以看出，在被比较的 7 个国家之中，营商环境水平最高的国家是美国，其次是中国，营商环境水平最低的国家是俄罗斯。外商投资水平最高的国家是巴西，其次是俄罗斯，中国的外商投资水平不高。总体来看，中国的营商环境水平仅次于美国，外商投资水平还有待提高。

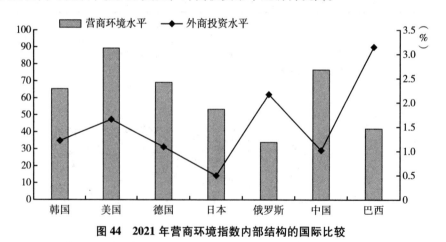

图 44　2021 年营商环境指数内部结构的国际比较

（六）财政潜力指数的二级指标——国际贸易指数

1. 国际贸易指数历年趋势的国际比较

国际贸易指数反映了一国的国际贸易发展水平，由国际贸易水平和国际贸易顺差两个指标等权加总得出。表22给出了15个国家2017～2021年的国际贸易指数和排名，图45给出了2017～2021年发达国家和发展中国家均值以及中国国际贸易指数的发展趋势。

表22 2017～2021年国际贸易指数和排名的国际比较

国家		2017年		2018年		2019年		2020年		2021年	
		指数值	排名	指数值	排名	指数值	排名	指数值	排名	指数值	排名
发达国家	德国	100.000	1	84.847	1	91.776	1	100.000	1	85.154	1
	韩国	81.093	2	70.585	2	66.436	3	77.607	2	70.974	2
	意大利	57.632	4	47.358	4	56.171	5	65.203	6	51.473	7
	加拿大	39.330	9	35.649	9	38.093	9	37.704	10	43.268	8
	澳大利亚	33.491	11	25.515	11	40.637	7	56.656	7	41.835	9
	英国	41.708	8	36.157	8	37.217	11	51.462	8	40.221	10
	法国	42.864	7	37.513	7	38.912	8	34.381	11	35.576	11
	日本	28.652	12	18.666	13	18.764	13	22.770	14	21.054	14
	美国	6.527	15	0.000	15	0.000	15	0.718	15	0.000	15
发展中国家	俄罗斯	59.647	3	69.677	3	68.409	2	65.451	5	69.654	3
	南非	45.625	6	35.234	10	37.708	10	65.555	4	62.019	4
	墨西哥	49.993	5	46.142	5	52.307	6	72.787	3	52.097	5
	土耳其	24.987	13	39.358	6	57.058	4	32.855	12	51.610	6
	中国	35.809	10	21.926	12	25.202	12	40.818	9	33.500	12
	巴西	20.430	14	13.767	14	11.935	14	28.520	13	27.825	13

表22显示，2017～2021年15个国家的发展趋势为：发达国家中，澳大利亚的国际贸易指数排名有所上升，法国、意大利和日本的排名有所下降，其他发达国家的国际贸易指数则呈现小幅波动趋势；发展中国家中，南非、土耳其的国际贸易指数排名呈现向好的趋势，中国呈现波动中向差的趋势，其他国家均呈现小幅波动趋势。就2021年排名而言，发展中国家中的俄罗斯、南非、墨西哥和土耳其的国际贸易指数排名相对靠前，中国排名第12，说明中国的国际贸易发展情况还有待改善。

图45显示，中国的国际贸易指数在2017～2021年整体呈现波动中下降的趋势，尤其在2018年有较大幅度的下跌。2017～2021年中国国际贸易指数不仅低于发达国家均值，而且低于发展中国家均值。

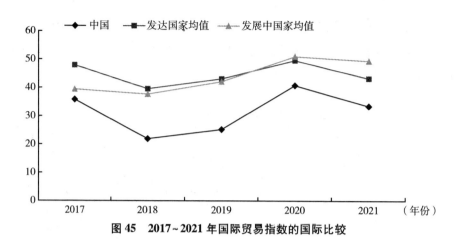

图45　2017~2021年国际贸易指数的国际比较

2. 国际贸易指数内部结构的国际比较

国际贸易指数下设国际贸易水平和国际贸易顺差两个三级指标。国际贸易水平的测算公式为进出口总额/GDP×100%；国际贸易顺差的测算公式为（出口总额－进口总额）/GDP×100%。

由图46可以看出，2021年中国的国际贸易水平和国际贸易顺差都处在中间的位置。在7个国家之中，国际贸易水平最高的国家是德国，最低的国家是美国；国际贸易顺差最高的国家是俄罗斯，最低的国家是美国。

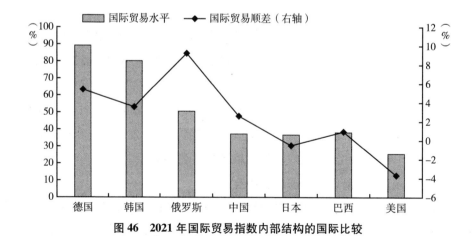

图46　2021年国际贸易指数内部结构的国际比较

六 小结

本报告基于财政发展综合性指数的指标体系，通过搜集经济合作与发展组织（OECD）、世界银行（WB）、国际货币基金组织（IMF）等国际数据库的公开数据，计算得到包括中国在内的 15 个国家 2012~2021 年财政发展指数各级指标及排名。在对各国财政发展综合性指数进行历年趋势及内部结构比较之后，笔者归纳出 2017~2021 年有关中国财政发展综合性指数的结论如下。

（1）从整体看，中国的财政发展综合性指数在 2017~2019 年连续下降，在 2020 年短暂上升后，在 2021 年又开始下降。中国的财政发展综合性指数从 2017 年的最好排名第 7 名，连续两年下降至 2019 年的第 11 名，在 2020 年短暂上升至第 8 名后，在 2021 年又下降至第 10 名。2021 年指数值和排名下降主要是由于受到新冠疫情的影响。

（2）中国财政运营指数在 2017 年和 2018 年还处于领先水平，分别位居第 3 名和第 5 名，但是在 2017~2021 年呈现逐年下降的趋势，尤其在 2020 年开始急剧下滑，2020 年和 2021 年的排名分别为第 14 名和第 15 名。其主要原因在于财政运营指数的三个二级指标受疫情影响较大，都出现了不同程度的下降。其中影响较小的是收入结构指数和支出结构指数，影响最大的是规模增长指数，直接从 2019 年的第 2 名，下降到 2021 年的第 9 名。财政运营指数这种变化体现了中国政府为了保障民生和社会稳定所付出的努力。

（3）中国财政稳定指数排名相对稳定在第 12 名上下，指数呈现下降的趋势。在二级指标中，财政赤字指数呈先小幅下降后缓慢上升趋势，债务风险指数则呈现迅速下降趋势，甚至在 2021 年下降至 2.06。新冠疫情之下政府发行债券数量迅速增加，导致债务风险指数下降，抵消了财政赤字指数的上升趋势，使得整体一级指标呈现下降趋势。2017~2021 年财政稳定指数下降的原因是首先受到中美贸易战的影响，而后又遭到新冠疫情的冲击。

（4）中国财政均等指数排名处于中等水平，指数呈现上升趋势。2017～2021年，我国的财政均等指数在第8名上下波动，2019年表现最好，达到了第7名，2021年表现最差，下降至第10名。但是财政均等指数从2017年的41.46持续上升至2021年的45.49。在二级指标中，医疗均等指数整体呈上升趋势，排名从2017年的第7名上升到2018年的第6名后，保持在第6名的位置上。教育均等指数在2017～2020年稳定在30左右，在2021年上升至32.86。但这五年间的排名由前三年的第10，下滑到后两年的第12。从上述变动来看，未来我国还需要进一步加大对公共教育资源的投入。

（5）中国财政潜力指数排名从中间水平上升到领先水平。2017～2021年中国财政潜力指数排名在2018年表现最差，从上一年的第7名下降至第10名，随后持续上升，在2021年达到最好成绩第2名。财政潜力指数在2020年达到最高（66.88），尽管2021年排名相对靠前，但指数与2020年相比有所下降。就二级指标而言，人力资源指数在5年间呈现先上升后下降的趋势，科技创新指数有小幅增加，营商环境指数大幅上涨，国际贸易指数出现一定的波动。基础设施指数2021年表现较好，排在前列。

附表1　财政发展综合性指数各级指标的权重设定

单位:%

总指数	一级指标	权重	二级指标	权重	三级指标	权重
财政发展指数	财政运营指数	25	收入结构指数	33	税收集中度	50
					债务依赖度	50
			支出结构指数	33	国家安全支出	33
					民生性支出	33
					经济性支出	33
			规模增长指数	33	收入增长率	50
					支出增长率	50
	财政稳定指数	25	财政赤字指数	50	财政赤字率	50
					财政赤字率波动	50
			债务风险指数	50	短期偿债能力	50
					债务增长空间	50
	财政均等指数	25	教育均等指数	50	中学教育普及度	50
					公立校生师比	50
			医疗均等指数	50	公立医院数	50
					公立医疗床位数	50
	财政潜力指数	25	人力资源指数	20	居民教育水平	50
					研发人力水平	50
			基础设施指数	20	基础设施水平	100
			科技创新指数	20	研发投入水平	33
					专利申请水平	33
					学术成果水平	33
			营商环境指数	20	营商环境水平	50
					外商投资水平	50
			国际贸易指数	20	国际贸易水平	50
					国际贸易顺差	50

注:本报告在指数测算时采用的是等权法,表中的权重33%实则为权重1/3取整数四舍五入后所得。

参考文献

《全球竞争力报告》，https：//worldcompetitiveness. imd. org/。

中华人民共和国中央人民政府网站，https：//www. gov. cn/。

中华人民共和国财政部网站，http：//www. mof. gov. cn/index. htm。

中华人民共和国教育部网站，http：//www. moe. gov. cn/jyb_ sjzl/moe_ 560/2022/。

IMD，"World competitiveness booklet"，Available at https：//worldcompetitiveness. imd. org/.

IMF，"General government statistics"，Available at http：//data. imf. org/? sk = A0867067-D23C 4EBC-AD23-D3B015045405&sId=1544448210372.

OECD，"OECD statistics"，Available at https：//stats. oecd. org/.

OECD，"IEA electricity information statistics"，Available at https：//www. oecd-ilibrary. org/energy/data/iea-electricity-information-statistics_ elect-data-en.

United Nations Development Programme，"Human development report"，Available at http：//hdr. undp. org/.

WHO，"Population using safely managed sanitation services"，Available at https：//apps. who. int/gho/data/node. imr. WSH_ SANITATION_ BASIC? lang=en.

Wind，Available at https：//www. wind. com. cn/.

World Bank，"World development indicators"，Available at https：//datacatalog. worldbank. org/dataset/world-development-indicators.

World Bank，"The worldwide governance indicators"，Available at http：//info. worldbank. org/governance/wgi/.

World Bank，"Education statistics - all indicators"，Available at https：//databank. worldbank. org/source/education-statistics-%5e-all-indicators/preview/on#.

World Bank，"Doing business"，Available at https：//chinese. doingbusiness. org/.

World Economic Forum，"The global competitiveness report"，Available at https：//www. weforum. org/reports/how-to-end-a-decade-of-lost-productivity-growth.

B.3
财政发展独立性指数的国际比较

宁 静 林光彬*

摘 要： 本报告基于财政发展独立性指数的指标体系，结合当前财政领域热点问题，构造多个具有代表性的独立性指标，对世界主要的 15 个国家开展比较研究。通过比较后发现：小、中、大口径下中国宏观税负水平处于较低水平，并且自 2019 年起持续下降；中国的财政恩格尔系数处于最低水平，民生支出密度处于较低水平；受新冠疫情影响，中国财政赤字风险不容小觑；相比于其他国家，中国财政自给率水平较低，但社会保障基金预算自给率较高；中国政府负债水平和债务成本较低，不过应警惕地方政府城投债较高、流动性金融资产较少和债务成本上升的风险。

关键词： 财政发展 独立性指数 国际比较

针对当前财政领域热点问题，本报告设置了独立性指数以更好比较各国财政发展现状。独立性指数具有独特的现实表征意义，单独比较能更为直观地反映财政问题，加上一些指标不能确定其正负方向或与其他指标有共线性问题，因此在财政发展指数国际指标体系中引入独立性指数十分具有必要性。参照综合性指数一级指标的分类，本报告对独立性指数进行相应的类别划分，分别从财政运营方面和财政稳定方面选取一些重点指标进行国别比较

* 宁静，经济学博士，中央财经大学财经研究院副研究员、北京财经研究基地研究人员、财经指数研究中心主任，主要研究方向为财政分权、地方政府竞争、财政理论与经济增长；林光彬，经济学博士，二级教授，博士生导师，中央财经大学教务处处长、中国政治经济学研究中心主任，国家社会科学基金重大项目首席专家，主要研究方向为政治经济学、国家理论与市场理论、财政学理论、中国经济。

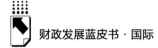
研究（见图1）。不同于综合性指数的是，独立性指数并不需要经过无量纲化和赋权加总计算得出，而是直接使用独立性指标的数值绘制图表来进行国别比较。

本报告主要内容安排如下：首先，从财政运营、财政稳定两个方面分别构造多个具有代表性的独立性指标，开展15个国家的比较研究[①]；其次，结合前文绘图比较，对独立性指数国别比较发现的主要结论进行归纳总结。

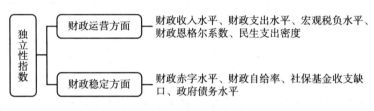

图1　财政发展独立性指标体系的框架

一　财政运营方面的独立性指标

（一）财政收入水平

中口径下的绝对财政收入水平为财政总收入扣除社保基金收入；大口径下的绝对财政收入水平为财政总收入。[②] 中口径下人均财政收入水平的公式为（财政总收入-社保基金收入）/总人口；大口径下人均财政收入水平的公式为财政总收入/总人口。

---

① 结合一国的国际地位、与中国的可比性以及数据可获得性等因素，本报告从 G20 中选取了
15 个国家（澳大利亚、加拿大、法国、德国、意大利、日本、韩国、英国、美国、巴西、
中国、墨西哥、俄罗斯、南非、土耳其）进行比较。G20 中，阿根廷、沙特阿拉伯、印度、
印度尼西亚和欧盟在国际公开数据库中的数据缺失值较多，故本报告不将这 5 个国家和国
际组织纳入比较。

② 其他国家中口径的绝对财政收入水平指标为"财政总收入-社保基金收入"，大口径指标为
"财政总收入"。中国中口径的绝对财政收入水平为一般公共预算、政府性基金预算、国有
资本经营预算这三本预算收入之和；大口径指标为一般公共预算、政府性基金预算、国有
资本经营预算和社会保障基金预算这四本预算收入之和。

如表 1 所示，在中口径下，2021 年中国的绝对财政收入水平最高，为 73211.62 亿美元；美国第 2，为 62884.07 亿美元；德国第 3，为 15395.95 亿美元。相较 2020 年，2021 年绝对财政收入水平增速最快的 3 个国家为巴西、南非和韩国，环比增长率分别为 22.97%、16.91%、15.62%。中国的环比增速为 8.68%。各国在 2017~2021 年绝对财政收入水平的平均增长率均为正值，其中俄罗斯最高，为 7.49%；中国位列第 3，为 5.82%。

在人均财政收入水平方面，2021 年加拿大的人均财政收入水平最高，为 20928.22 美元/人；其次为法国，为 19284.91 美元/人；再次为美国，为 18939.18 美元/人。中国人均财政收入水平为 5183.64 美元/人。相较 2020 年，2021 年人均财政收入增速最快的 3 个国家为巴西、韩国和南非，环比增长率分别为 22.33%、15.83%、15.75%。中国增速为 8.58%。2017~2021 年各国的人均财政收入水平的平均增长率均为正值，其中俄罗斯最高，为 9.01%；中国位列第 3，为 6.60%。虽然中国的绝对财政收入水平较高，但受人口因素的影响，中国在中口径人均财政收入水平维度的排名靠后。近年来，受财政管理体制和税收征管体制深化改革的政策作用，中国中口径的财政收入水平增速较快。

表 1 2017~2021 年中口径绝对财政收入水平及人均财政收入水平的国际比较

国家		绝对财政收入水平						
		2017 年（亿美元）	2018 年（亿美元）	2019 年（亿美元）	2020 年（亿美元）	2021 年（亿美元）	2021 年增长率（%）	2017~2021 年增长率平均值（%）
发达国家	加拿大	6461.48	6900.11	6984.68	6970.75	8000.13	14.77	4.78
	法国	10386.15	11056.66	12278.25	11844.52	13068.28	10.33	4.99
	德国	12586.81	13388.19	14186.57	13607.08	15395.95	13.15	4.39
	意大利	8396.15	8579.33	9294.58	8819.80	10042.58	13.86	3.72
	日本	11633.69	11949.54	11912.60	12316.59	13496.32	9.58	2.96
	韩国	5305.96	5786.12	5929.57	6103.92	7057.51	15.62	5.96
	英国	9408.12	9672.00	10106.19	9793.02	11241.46	14.79	4.18
	美国	52344.81	51620.51	53644.29	54418.73	62884.07	15.56	4.40

续表

国家		绝对财政收入水平						
		2017年(亿美元)	2018年(亿美元)	2019年(亿美元)	2020年(亿美元)	2021年(亿美元)	2021年增长率(%)	2017~2021年增长率平均值(%)
发展中国家	巴西	8686.25	9337.46	9985.28	8755.16	10766.61	22.97	3.85
	中国	56553.16	61878.10	66276.41	67364.01	73211.62	8.68	5.82
	土耳其	5374.30	5540.86	5492.22	5764.29	5764.29	0.00	1.71
	墨西哥	5383.62	5229.34	5535.99	5315.65	5493.94	3.35	0.80
	俄罗斯	10954.45	13231.73	14722.50	13562.45	15144.16	11.66	7.49
	南非	2677.72	2758.68	2877.24	2649.00	3097.04	16.91	2.85

国家		人均财政收入水平						
		2017年(美元/人)	2018年(美元/人)	2019年(美元/人)	2020年(美元/人)	2021年(美元/人)	2021年增长率(%)	2017~2021年增长率平均值(%)
发达国家	加拿大	17680.78	18616.20	18575.66	18340.62	20928.22	14.11	4.55
	法国	15520.71	16463.57	18220.23	17528.97	19284.91	10.02	5.66
	德国	15227.76	16148.68	17073.13	16362.36	18505.62	13.10	5.06
	意大利	13869.51	14199.07	15561.22	14838.44	16982.99	14.45	4.99
	日本	9162.41	9423.11	9407.19	9754.86	10738.50	10.08	3.78
	韩国	10330.54	11216.65	11454.83	11775.40	13639.05	15.83	6.94
	英国	14242.03	14553.04	15120.80	14598.75	16771.72	14.88	4.58
	美国	16100.05	15793.90	16338.53	16415.34	18939.18	15.37	4.72
发展中国家	巴西	4165.97	4442.89	4714.87	4106.62	5023.47	22.33	3.89
	中国	4050.46	4411.17	4707.98	4773.87	5183.64	8.58	6.60
	土耳其	6691.72	6806.35	6650.83	6912.88	6850.23	-0.91	0.84
	墨西哥	4382.66	4216.74	4425.77	4218.83	4336.00	2.78	0.12
	俄罗斯	7581.10	9158.31	10195.20	9413.59	10507.26	11.62	9.01
	南非	4727.50	4811.12	4953.33	4504.95	5214.55	15.75	2.37

注：由于澳大利亚的社会保障基金收入数据缺失，因此无法测算其中口径财政收入水平。

资料来源：IMF 数据库、OECD 数据库、WB 数据库、《中央和地方预算执行情况及中央和地方预算草案的报告》。

如表2所示，在大口径下，2021年中国的绝对财政收入水平最高，为90329.51亿美元；美国第2，为78517.43亿美元；德国第3，为24400.13亿美元。相较2020年，2021年绝对财政收入水平增速最快的3个国家为巴西、南非和加拿大，环比增长率分别为18.07%、16.84%、14.52%。中国增速为 13.45%。2017~2021 年，大口径绝对财政收入水平平均增速最快的 3 个国家为中国、俄罗斯和韩国。其中，中国最高，为 8.07%；俄罗斯第 2，为 7.58%；韩国第 3，为 7.45%。

在人均财政收入水平方面，2021 年德国的人均财政收入水平最高，为 29328.46 美元/人；其次为法国，为 28306.11 美元/人；再次为意大利，为 23722.72 美元/人。中国人均财政收入水平为 6395.64 美元/人。相较 2020 年，2021 年人均财政收入水平增速最快的 3 个国家为巴西、南非和加拿大，环比增长率分别为 17.45%、15.68%、13.86%。中国增速为 13.34%。2017~2021 年，大口径人均财政收入水平平均增速最快的 3 个国家为中国、俄罗斯和韩国。其中，中国最高，为 7.69%；俄罗斯第 2，为 7.61%；韩国第 3，为 7.24%。与中口径的情形相似，在考虑社会保障基金因素后中国大口径人均财政收入水平虽排名靠后，但其增速仍然较快。

表 2　2017~2021 年大口径绝对财政收入水平及人均财政收入水平的国际比较

国家		绝对财政收入水平						
		2017 年 (亿美元)	2018 年 (亿美元)	2019 年 (亿美元)	2020 年 (亿美元)	2021 年 (亿美元)	2021 年 增长率 (%)	2017~2021 年 增长率平均值 (%)
发达国家	澳大利亚	4451.74	4682.54	4725.77	5217.48	5891.41	12.92	6.78
	加拿大	7266.16	7747.67	7862.32	7853.99	8994.51	14.52	5.57
	法国	15972.53	16675.65	18054.58	17512.11	19181.44	9.53	4.87
	德国	19964.54	21173.82	22521.40	22210.06	24400.13	9.86	5.24
	意大利	11665.70	12020.98	13036.65	12452.45	14028.00	12.65	4.58
	日本	18389.21	18958.71	19119.55	19638.70	21193.08	7.91	3.44
	韩国	6932.07	7587.72	7908.02	8292.41	9412.02	13.50	7.45
	英国	11756.54	12092.53	12809.73	12628.90	14349.51	13.62	5.44
	美国	65386.36	65290.89	67943.78	68964.53	78517.43	13.85	5.14
发展中国家	巴西	12011.85	12743.29	13543.67	12085.77	14269.75	18.07	3.87
	中国	66858.52	75091.14	80881.61	79623.62	90329.51	13.45	8.07
	土耳其	7059.46	7323.08	7280.83	7463.62	7463.62	0.00	1.64
	墨西哥	5804.49	5669.01	6001.47	5785.52	5982.21	3.40	1.14
	俄罗斯	13634.08	16290.71	17982.21	16952.53	18302.08	7.96	7.58
	南非	2718.74	2803.07	2925.73	2690.06	3143.14	16.84	3.39

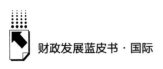
续表

国家		人均财政收入水平						
		2017 年 (美元/人)	2018 年 (美元/人)	2019 年 (美元/人)	2020 年 (美元/人)	2021 年 (美元/人)	2021 年 增长率 (%)	2017~2021 年 增长率平均值 (%)
发达 国家	澳大利亚	18101.95	18757.73	18653.25	20341.64	22936.79	12.76	5.52
	加拿大	19882.66	20902.88	20909.73	20664.51	23529.52	13.86	4.38
	法国	23868.80	24830.35	26791.97	25916.56	28306.11	9.22	4.54
	德国	24153.48	25539.61	27103.86	26707.35	29328.46	9.81	5.03
	意大利	19270.46	19895.12	21826.31	20950.01	23722.72	13.23	5.11
	日本	14482.89	14950.36	15098.39	15554.05	16862.52	8.41	3.67
	韩国	13496.52	14709.14	15276.82	15997.31	18189.28	13.70	7.24
	英国	17797.07	18195.10	19165.82	18826.28	21408.78	13.72	5.00
	美国	20111.32	19976.52	20693.75	20803.06	23647.58	13.67	4.58
发展 中国 家	巴西	5760.94	6063.42	6395.07	5668.85	6657.96	17.45	3.14
	中国	4788.55	5353.10	5745.47	5642.66	6395.64	13.34	7.69
	土耳其	8789.97	8995.61	8816.76	8950.83	8869.71	-0.91	0.44
	墨西哥	4725.27	4571.28	4797.90	4591.75	4721.36	2.82	0.30
	俄罗斯	9435.56	11275.57	12452.51	11766.62	12698.27	7.92	7.61
	南非	4799.93	4888.54	5036.81	4574.77	5292.17	15.68	2.34

资料来源：IMF 数据库、OECD 数据库、WB 数据库、《中央和地方预算执行情况及中央和地方预算草案的报告》。

图 2 表明，两种口径的发达国家人均财政收入水平均显著高于包括中国在内的发展中国家。中国人均财政收入水平略低于发展中国家的平均水平，大约为发达国家平均水平的 30%。在增长速度方面，相较 2020 年，2021 年发达国家大口径人均财政收入水平环比增长率的平均水平达 12.04%，低于同期中国增长率但高于发展中国家的平均增速。相较 2020 年，2021 年发达国家中口径人均财政收入水平环比增长率的平均水平达 13.48%，高于同期中国的增长率以及发展中国家的平均增速。2016~2021 年，中国人均财政收入水平虽增长缓慢，但其平均增速高于发展中国家以及发达国家的平均增速。

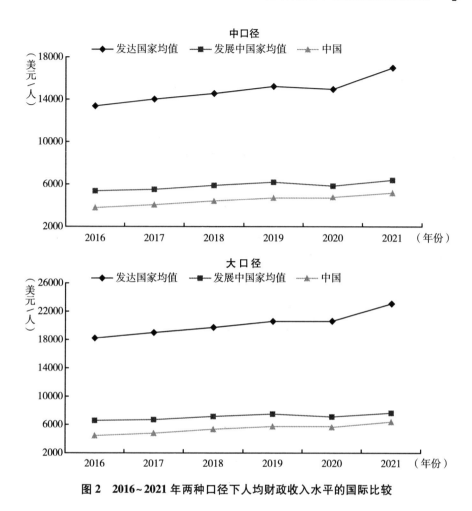

图 2 2016~2021 年两种口径下人均财政收入水平的国际比较

（二）财政支出水平

中口径下的绝对财政支出水平为财政总支出-社保基金支出；大口径下的绝对财政支出水平为财政总支出。① 中口径下的人均财政支出水平为（财

---

① 其他国家中口径的绝对财政支出水平指标为"财政总支出-社保基金支出"，大口径指标为"财政总支出"。中国中口径的绝对财政支出水平为一般公共预算、政府性基金预算、国有资本经营预算这三本预算支出之和；大口径指标为一般公共预算、政府性基金预算、国有资本经营预算和社会保障基金预算这四本预算支出之和。

政总支出-社保基金支出）/总人口；大口径下的人均财政支出水平为财政
总支出/总人口。

如表 3 所示，在中口径下，2021 年中国的绝对财政支出水平最高，为
86828.30 亿美元；美国第 2，为 65716.46 亿美元；德国第 3，为 12842.39
亿美元。相较 2020 年，2021 年绝对财政支出水平增速最快的 3 个国家为意
大利、德国和巴西，环比增长率分别为 18.51%、11.64%、9.04%。随着新
冠疫情逐步缓解、经济逐步恢复，中国增速为-1.02%。在 2017~2021 年绝
对财政支出水平平均增速最快的 3 个国家为德国、英国和韩国，其中德国最
高，为 8.81%；英国与德国的增幅相近，为 8.80%；韩国第 3，为 8.44%。
中国平均增速较快，增长率为 8.01%。

表 3   2017~2021 年中口径绝对财政支出水平及人均财政支出水平的国际比较

国家		绝对财政支出水平						
		2017 年 （亿美元）	2018 年 （亿美元）	2019 年 （亿美元）	2020 年 （亿美元）	2021 年 （亿美元）	2021 年 增长率 （%）	2017~2021 年 增长率平均值 （%）
发达 国家	澳大利亚	3224.49	3433.83	4136.82	4649.94	4516.30	-2.87	8.21
	加拿大	5523.87	5842.99	5958.37	6977.50	7249.46	3.90	6.62
	法国	9197.75	9451.09	10381.72	10932.06	11730.64	7.30	5.93
	德国	8840.83	9328.34	9992.42	11503.86	12842.39	11.64	8.81
	意大利	6671.97	6792.75	7167.27	7931.15	9399.44	18.51	8.01
	日本	8907.04	8997.18	9297.29	13220.57	11902.86	-9.97	7.41
	韩国	5004.37	5293.67	5854.23	6860.47	7268.65	5.95	8.44
	英国	8493.06	8711.11	9320.97	12015.48	12063.07	0.40	8.80
	美国	45781.34	48437.54	51253.71	61082.59	65716.46	7.59	8.40
发展 中国 家	巴西	9059.03	9455.66	9299.31	8538.39	9310.36	9.04	0.12
	中国	63588.24	71803.68	79031.68	87722.03	86828.30	-1.02	8.01
	土耳其	5134.40	5323.50	5353.70	5554.05	5720.50	3.00	4.15
	墨西哥	5374.96	5838.55	5648.03	5676.53	6016.06	5.98	2.57
	俄罗斯	9276.53	9836.63	11727.90	12294.28	11282.20	-8.23	5.06
	南非	2757.72	2860.65	3047.62	2969.19	3155.92	6.29	3.61

续表

国家		人均财政支出水平						
		2017 年 （美元/人）	2018 年 （美元/人）	2019 年 （美元/人）	2020 年 （美元/人）	2021 年 （美元/人）	2021 年 增长率 （%）	2017~2021 年 增长率平均值 （%）
发达 国家	澳大利亚	13111.62	13755.55	16328.60	18128.97	17583.15	-3.01	6.90
	加拿大	15115.16	15764.14	15846.21	18358.37	18964.48	3.30	5.41
	法国	13744.80	14072.84	15405.89	16178.60	17310.94	7.00	5.61
	德国	10695.80	11251.74	12025.59	13833.26	15436.29	11.59	8.59
	意大利	11021.37	11242.22	11999.63	13343.38	15895.37	19.13	8.55
	日本	7014.97	7094.95	7341.92	10470.82	9470.65	-9.55	7.65
	韩国	9743.34	10262.02	11309.29	13234.89	14047.10	6.14	8.22
	英国	12856.81	13107.22	13945.97	17911.83	17997.52	0.48	8.34
	美国	14081.27	14820.04	15610.43	18425.48	19792.23	7.42	7.80
发展中 国家	巴西	4344.75	4499.12	4390.97	4004.94	4344.01	8.47	-0.58
	中国	4554.33	5118.74	5614.06	6216.57	6147.75	-1.11	7.63
	土耳其	6393.01	6539.34	6483.09	6660.76	6798.19	2.06	2.91
	墨西哥	4375.61	4707.98	4515.34	4505.25	4748.08	5.39	1.72
	俄罗斯	6419.89	6808.40	8121.46	8533.36	7827.76	-8.27	5.09
	南非	4868.75	4988.95	5246.65	5049.48	5313.69	5.23	2.56

资料来源：IMF 数据库、OECD 数据库、WB 数据库、《中央和地方预算执行情况及中央和地方预算草案的报告》。

在人均财政支出水平方面，2021 年美国的人均财政支出水平最高，为 19792.23 美元/人；其次为加拿大，为 18964.48 美元/人；再次为英国，为 17997.52 美元/人。中国人均财政支出水平为 6147.75 美元/人。相较 2020 年，2021 年人均财政支出水平增速最快的 3 个国家为意大利、德国和巴西，增速分别为 19.13%、11.59%、8.47%，中国增速为 -1.11%。2017~2021 年，人均财政支出水平平均增速最快的 3 个国家为德国、意大利和英国。其中，德国最高，为 8.59%；意大利第 2，为 8.55%；英国第 3，为 8.34%。

如表4所示，在大口径下，2021年中国的绝对财政支出水平最高，为107870.75亿美元；美国第2，为105694.48亿美元；德国第3，为26248.32亿美元。相较2020年，2021年绝对财政支出水平增速最快的3个国家为意大利、德国和墨西哥，增速分别为10.98%、8.02%、6.56%。在考虑社会保障基金支出的因素后，中国增速为1.18%。2017~2021年，绝对财政支出水平增速最快的3个国家为韩国、中国和美国，其中韩国最高，为9.18%；中国的增速与韩国相近，为9.02%；美国第3，为8.32%。

表4 2017~2021年大口径绝对财政支出水平及人均财政支出水平的国际比较

国家		绝对财政支出水平						
		2017年（亿美元）	2018年（亿美元）	2019年（亿美元）	2020年（亿美元）	2021年（亿美元）	2021年增长率（%）	2017~2021年增长率平均值（%）
发达国家	澳大利亚	4600.69	4861.08	5649.55	6414.26	6513.36	1.55	8.06
	加拿大	7285.97	7682.64	7865.60	9860.21	9926.30	0.67	7.66
	法国	16855.03	17391.04	19112.79	20516.74	21544.55	5.01	5.85
	德国	19378.44	20281.53	21782.64	24299.63	26248.32	8.02	7.31
	意大利	12274.64	12583.99	13453.83	14974.34	16617.91	10.98	7.01
	日本	19940.91	20220.70	20799.26	24986.89	24486.34	-2.00	4.72
	韩国	6367.90	6916.06	7691.00	8923.03	9491.61	6.37	9.18
	英国	12518.39	12804.06	13637.39	16860.64	17133.65	1.62	7.61
	美国	74073.67	77924.99	82378.82	100490.89	105694.48	5.18	8.32
发展中国家	巴西	14545.31	14915.07	15138.07	15803.06	15058.73	-4.71	1.11
	中国	75288.50	87077.48	96854.40	106610.21	107870.75	1.18	9.02
	土耳其	7689.79	7985.13	8319.32	8578.03	8578.03	0.00	3.70
	墨西哥	6421.69	6963.25	6944.90	7064.20	7527.51	6.56	3.49
	俄罗斯	13946.81	14523.64	16677.52	18163.63	17151.54	-5.57	5.30
	南非	3133.05	3301.90	3442.76	3478.17	3589.17	3.19	3.51

续表

国家		人均财政支出水平						
		2017 年 (美元/人)	2018 年 (美元/人)	2019 年 (美元/人)	2020 年 (美元/人)	2021 年 (美元/人)	2021 年 增长率 (%)	2017~2021 年 增长率平均值 (%)
发达 国家	澳大利亚	18707.65	19472.95	22299.56	25007.58	25358.22	1.40	6.76
	加拿大	19936.85	20727.43	20918.47	25943.02	25967.07	0.09	6.44
	法国	25187.58	25895.57	28362.30	30363.18	31793.36	4.71	5.52
	德国	23444.40	24463.35	26214.78	29220.03	31549.95	7.97	7.09
	意大利	20276.35	20826.91	22524.76	25192.85	28102.51	11.55	7.55
	日本	15704.97	15945.54	16424.83	19789.87	19482.84	-1.55	4.95
	韩国	12398.10	13407.11	14857.58	17213.89	18343.09	6.56	8.96
	英国	18950.35	19265.71	20404.15	25134.66	25562.58	1.70	7.15
	美国	22783.34	23842.07	25090.25	30312.94	31832.66	5.01	7.71
发展 中国家	巴西	6976.00	7096.78	7147.92	7412.44	7026.08	-5.21	0.40
	中国	5392.33	6207.58	6880.11	7555.11	7637.62	1.09	8.63
	土耳其	9574.81	9808.88	10074.32	10287.29	10194.06	-0.91	2.46
	墨西哥	5227.72	5614.90	5552.13	5606.58	5940.97	5.96	2.63
	俄罗斯	9651.99	10052.50	11549.03	12607.23	11900.01	-5.61	5.34
	南非	5531.39	5758.49	5926.89	5915.07	6043.17	2.17	2.45

资料来源：IMF 数据库、OECD 数据库、WB 数据库、《中央和地方预算执行情况及中央和地方预算草案的报告》。

在人均财政支出水平方面，2021 年美国的人均财政支出水平最高，为 31832.66 美元/人；其次为法国，为 31793.36 美元/人；再次为德国，为 31549.95 美元/人。相较 2020 年，2021 年人均财政支出水平增速最快的 3 个国家为意大利、德国和韩国，增速分别为 11.55%、7.97%、6.56%，中国增速为 1.09%。2017~2021 年，人均财政支出水平平均增速最快的 3 个国家为韩国、中国和美国。其中，韩国最高，为 8.96%；中国的增速与韩国相近，为 8.63%；美国第 3，为 7.71%。由此可见，无论采用中口径还是大口径，受限于人口因素，中国人均财政支出水平在 15 个国家中排名靠后。但是，面临新冠疫情带来的严峻挑战，中国政府担当有为，人均财政支出水平不仅没有下降，反而平均增速较快。

如图 3 所示，在两种口径下，发达国家的人均财政支出水平显著高于包括中国在内的发展中国家。在中口径下，2021 年中国人均财政支出水平略高于发展中国家均值，大约为发达国家平均水平的 40%；在大口径下，2021 年中国人均财政支出水平略低于发展中国家均值，大约为发达国家平均水平的 30%。在增长速度方面，2021 年中国中口径人均财政支出水平增长率为-1.11%，增速不仅显著低于同口径的人均财政收入水平增长率，而且低于同口径的发展中国家和发达国家的平均水平。2021 年中国大口径人均财政支出水平增长率达 1.09%，增速高于发展中国家的平均水平，但低于发达国家的平均水平。2017~2021 年，无论采用大口径还是中口径，中国人均财政支出水平的平均增速均高于发达国家和发展中国家的平均增速。

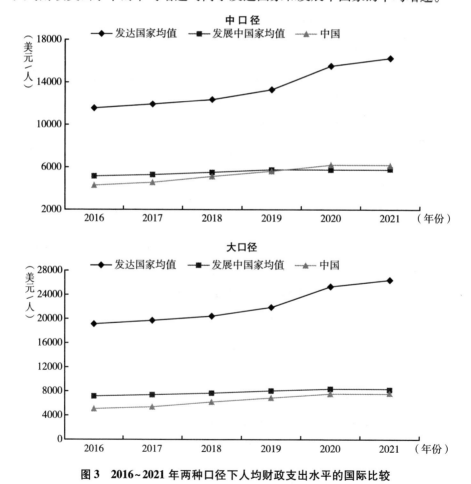

图 3　2016~2021 年两种口径下人均财政支出水平的国际比较

如图 4 和图 5 所示，在中口径下，2021 年中国的人均财政支出水平低于人均财政收入水平，而且人均财政支出水平增长率也低于人均财政收入水平增长率。考虑社会保障基金因素后，2021 年中国的大口径人均财政支出水平高于同口径人均财政收入水平，即大口径人均财政收支出现赤字，不过2021 年中国大口径人均财政支出水平增长率低于人均财政收入水平增长率。

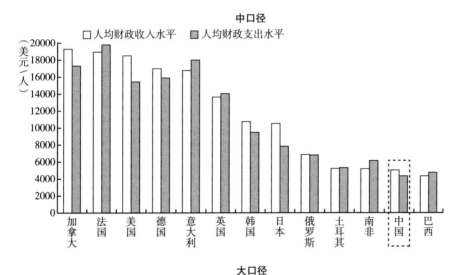

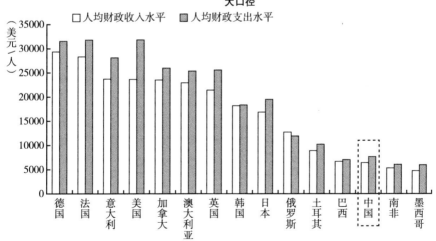

图 4　2021 年两种口径下人均财政收入和支出水平的国际比较

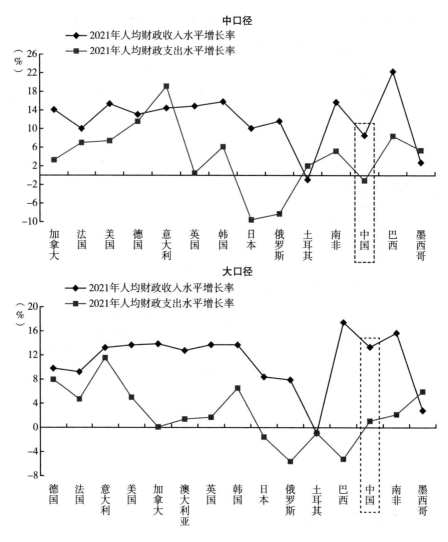

图5 2021年两种口径下人均财政收入和支出水平增长率的国际比较

（三）宏观税负水平

小口径下的宏观税负水平为税收收入/GDP×100%；中口径下的宏观税负水平为（财政总收入−社保基金收入）/GDP×100%；大口径下的宏观税负水平为财政总收入/GDP×100%。

如表 5 所示，在小口径下，2021 年澳大利亚的宏观税负水平最高，为32.93%；法国第 2，为 30.27%；加拿大第 3，为 29.62%。中国宏观税负水平较低，仅为 14.35%。相较 2020 年，2021 年宏观税负水平增幅最大的 3 个国家为南非、澳大利亚和韩国。中国宏观税负水平降幅较小，为 0.29 个百分点。2017~2021 年，宏观税负水平平均增幅最大的 3 个国家为韩国、澳大利亚和日本，而中国宏观税负水平平均降幅最大，为 0.52 个百分点。

表 5 2017~2021 年三类口径下宏观税负水平及变化情况的国际比较

单位：%，个百分点

国家		宏观税负水平（小口径）						
		2017 年	2018 年	2019 年	2020 年	2021 年	2021 年增幅	2017~2021 年增幅平均值
发达国家	澳大利亚	30.21	30.08	28.76	30.84	32.93	2.09	0.60
	加拿大	29.02	29.42	28.93	30.20	29.62	−0.58	0.13
	法国	29.66	30.25	30.39	30.63	30.27	−0.36	0.25
	德国	25.05	25.41	22.85	26.30	26.71	0.41	0.36
	意大利	28.86	28.49	28.77	28.84	29.07	0.24	−0.03
	日本	18.72	19.06	18.85	19.91	21.03	1.12	0.55
	韩国	18.97	20.07	20.00	20.23	22.27	2.04	0.77
	英国	27.16	27.17	26.75	26.60	28.19	1.60	0.24
	美国	20.31	18.74	18.88	19.34	20.65	1.30	0.21
发展中国家	巴西	23.43	23.37	23.01	21.33	22.76	1.43	−0.11
	中国	16.76	16.47	15.45	14.64	14.35	−0.29	−0.52
	土耳其	18.15	17.68	17.17	18.14	16.30	−1.84	−0.47
	墨西哥	13.40	13.36	13.48	14.53	13.72	−0.81	−0.03
	俄罗斯	19.20	20.51	19.29	18.32	17.74	−0.58	−0.06
	南非	26.14	27.74	27.81	25.87	28.47	2.60	0.45
国家		宏观税负水平（中口径）						
		2017 年	2018 年	2019 年	2020 年	2021 年	2021 年增幅	2017~2021 年增幅平均值
发达国家	加拿大	36.59	37.24	36.77	37.72	37.50	−0.22	0.24
	法国	34.82	35.38	35.56	35.42	35.82	0.41	0.30
	德国	28.69	29.26	29.31	28.26	29.88	1.62	0.22
	意大利	33.36	32.99	33.49	33.57	34.03	0.46	0.07
	日本	22.11	22.36	22.04	22.99	24.10	1.12	0.42
	韩国	25.22	26.06	26.11	26.08	28.07	1.98	0.66
	英国	30.93	30.90	30.30	30.41	31.74	1.33	0.22
	美国	26.69	24.99	24.93	25.52	26.65	1.13	0.12

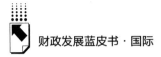
续表

国家		宏观税负水平（中口径）					2021年增幅	2017~2021年增幅平均值
		2017年	2018年	2019年	2020年	2021年		
发展中国家	巴西	29.15	29.30	29.95	26.06	28.42	2.37	-0.41
	中国	27.46	27.56	27.27	26.68	25.40	-1.28	-0.35
	土耳其	23.74	24.05	23.37	24.10	21.65	-2.45	-0.60
	墨西哥	21.29	20.06	20.98	21.66	20.52	-1.15	-0.17
	俄罗斯	28.77	31.27	32.15	29.16	26.42	-2.74	-0.39
	南非	33.82	35.26	36.14	34.49	36.79	2.31	0.50

国家		宏观税负水平（大口径）					2021年增幅	2017~2021年增幅平均值
		2017年	2018年	2019年	2020年	2021年		
发达国家	澳大利亚	37.39	37.33	35.36	37.63	39.96	2.33	0.54
	加拿大	41.15	41.81	41.39	42.50	42.17	-0.34	0.21
	法国	53.55	53.36	52.29	52.36	52.58	0.22	-0.09
	德国	45.51	46.27	46.53	46.12	47.35	1.23	0.37
	意大利	46.34	46.23	46.97	47.40	47.54	0.14	0.17
	日本	34.95	35.48	35.38	36.65	37.85	1.20	0.62
	韩国	32.95	34.17	34.83	35.44	37.43	1.99	0.99
	英国	38.65	38.64	38.40	39.22	40.51	1.30	0.45
	美国	33.34	31.61	31.57	32.34	33.28	0.94	0.12
发展中国家	巴西	40.30	39.98	40.63	35.97	37.67	1.70	-0.76
	中国	32.46	33.44	33.28	31.54	31.34	-0.20	-0.13
	土耳其	31.18	31.79	30.98	31.21	28.04	-3.17	-0.90
	墨西哥	22.96	21.75	22.74	23.58	22.34	-1.24	-0.15
	俄罗斯	35.81	38.50	39.27	36.45	31.93	-4.52	-0.90
	南非	34.34	35.83	36.75	35.02	37.34	2.32	0.49

注：由于澳大利亚的社会保障基金收入数据缺失，因此无法测算其中口径宏观税负水平。

资料来源：IMF数据库、OECD数据库、《中央和地方预算执行情况及中央和地方预算草案的报告》。

在中口径下，2021年加拿大的宏观税负水平最高，为37.50%；南非第2，为36.79%；法国第3，为35.82%。中国宏观税负水平处于靠后位置，为 25.40%。相较 2020 年，2021 年宏观税负水平增幅最大的 3 个国家为巴西、南非和韩国，降幅最大的国家为俄罗斯，达 2.74 个百分点。在 2017~2021 年，宏观税负水平平均增幅最大的 3 个国家为韩国、南非和日本，中国宏观税负水平平均降低 0.35 个百分点。

在大口径下，2021 年法国的宏观税负水平最高，为 52.58%；意大利第 2，为 47.54%；德国第 3，为 47.35%。中国宏观税负水平位列下游，为 31.34%。相较 2020 年，2021 年宏观税负水平增幅最大的 3 个国家为澳大利亚、南非和韩国。中国宏观税负降幅较小，为 0.20 个百分点。在 2017~2021 年，宏观税负水平平均增幅最大的 3 个国家为韩国、日本和澳大利亚，中国宏观税负水平平均降低 0.13 个百分点。

如图 6 所示，在小口径下，2021 年中国的宏观税负水平较低，在 15 个国家中位居倒数第 2。而在中口径和大口径下，2021 年中国的宏观税负水平排名略高于在小口径下的排名。这表明，仅以税收收入在 GDP 中的占比而言，相较其他国家，中国的宏观税负水平较低；但是若将非税收入、政府性基金、国有资本经营收入、社会保险缴费等纳入考虑范畴，中国的宏观税负水平有一定幅度上升。

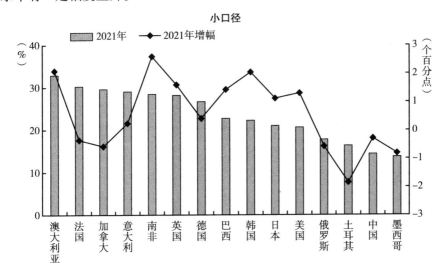

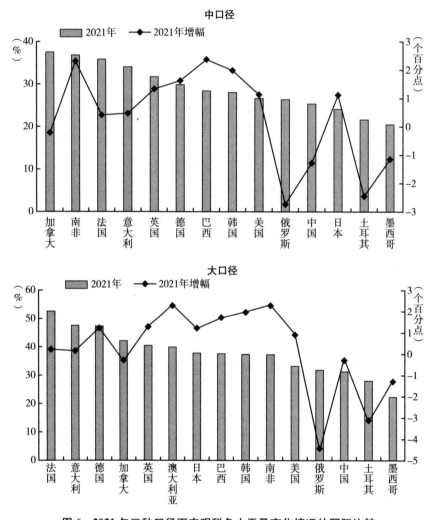

图6 2021年三种口径下宏观税负水平及变化情况的国际比较

如图7所示,从7国宏观税负水平所处范围来看,在小口径下,7国的宏观税负水平维持在10%~30%;在中口径下,7国的宏观税负水平维持在20%~35%;在大口径下,7国的宏观税负水平维持在20%~50%。

从7国宏观税负水平变化趋势来看,在小口径下,2016~2018年德国的宏观税负水平总体平稳,到2019年出现大幅下滑,在2020年回升至2018年水平,此后仍保持平稳态势。美国、日本和韩国的宏观税负水平呈上升趋势。俄罗斯的宏观税负水平先上升后回降。墨西哥的宏观税负水平呈现波动趋势。中国的小口径宏观税负水平呈现逐年下降趋势，这与中国在新冠疫情期间为促进微观市场主体活力而积极推进的减税降费改革有密切关系。在中口径下，2016~2019 年德国的宏观税负水平总体平稳，2019 年后呈现先下降再上升的趋势，而日本和韩国的宏观税负水平在波动中呈现上升趋势。美国的宏观税负水平大幅下降后回升，俄罗斯的宏观税负水平大幅上升后回降。墨西哥的宏观税负水平呈现波动趋势。中国在 2016~2018 年宏观税负水平趋于平稳，但在 2019~2021 年呈下降趋势。在大口径下，2016~2020 年德国的宏观税负水平较为平稳，但在 2021 年出现小幅度的上升。以 2019 年为分水岭，中国的宏观税负水平呈现先上升后下降趋势。

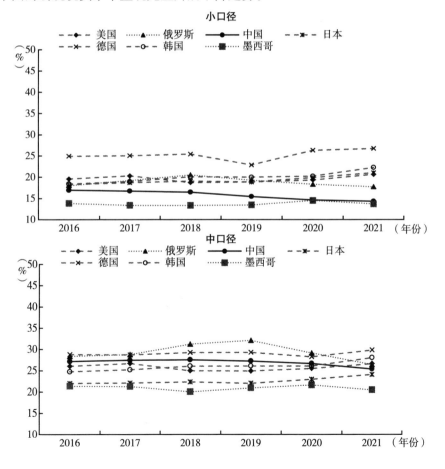

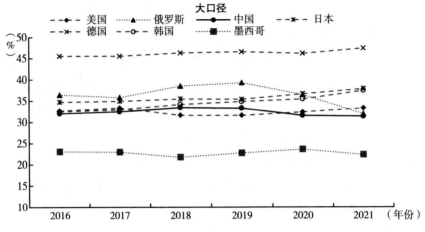

图7 2016~2021年三种口径下宏观税负水平的国际比较

注：为了使折线图更为清晰地呈现重点国家指数的变化趋势，分别从发达国家和发展中国家中挑选与中国最具可比性的6个代表性国家进行绘图比较。下文中的指数变化趋势国别对比图也基于同样的考虑，选取了部分重点国家与中国进行比较。选取重点国家的做法是：优先选取7个国家进行比较，即中国、美国、德国、日本、俄罗斯、巴西、韩国；但是，在数据缺失时则替换为其他国家来进行国际比较。

如图8所示，在小口径和大口径下，宏观税负水平和人均GDP呈现正相关关系，但是在中口径下，宏观税负水平与人均GDP的散点图拟合线显示，二者并不相关。综上所述，人均GDP水平较高的国家，其宏观税负水平相对较高。

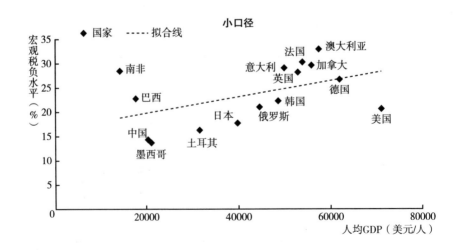

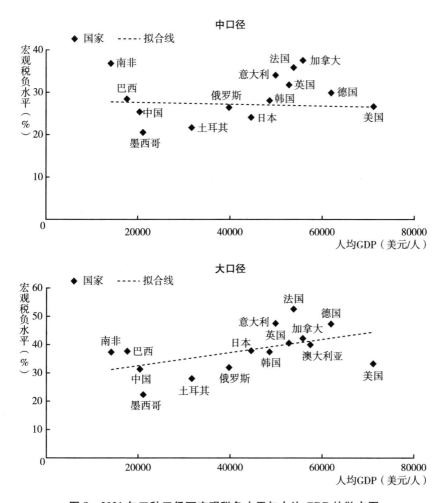

图 8 2021 年三种口径下宏观税负水平与人均 GDP 的散点图

（四）财政恩格尔系数

"财政恩格尔系数"是指财政刚性支出占财政总支出的比重，以衡量国家财政部门可以根据经济社会形势变化调整支出方向的自由度。根据已有文献对财政刚性支出的定义（Medina，2015；裴育，2010）以及 OECD 和 IMF 数据库对财政支出的功能性分类，我们将国防支出、安全稳定支出、教育支出、医疗支出、社会保障与就业支出视作刚性支出，将它们的和作为分子，将全口径财政支出作为分母。

如表 6 和图 9 所示，发达国家的财政恩格尔系数值普遍大于发展中国家，2021 年财政恩格尔系数值位居前 3 位的国家为日本、美国和英国，财政恩格尔系数值分别为 74.08%、73.99%、73.39%。在 12 个国家中，中国财政恩格尔系数位列倒数第 1，为 45.69%。相较 2020 年，2021 年日本财政恩格尔系数增幅最大，其次为澳大利亚与俄罗斯。2021 年，新冠疫情期间，中国政府坚定不移地实行"三保""六保"政策①，导致中国财政恩格尔系数上升 2.15 个百分点。2017~2021 年，多数国家财政恩格尔系数的平均变动幅度较小。大部分国家的平均增幅为负，平均增幅排名末 3 的国家为英国、意大利和土耳其。平均增幅为正的国家只有南非、韩国和中国，而中国财政恩格尔系数的平均增幅仅为 0.05 个百分点。

表 6　2017~2021 年财政恩格尔系数及变化情况的国际比较

单位：%，个百分点

国家		2017 年	2018 年	2019 年	2020 年	2021 年	2021 年增幅	2017~2021 年增幅平均值
发达国家	澳大利亚	68.53	67.95	62.43	62.07	66.83	4.76	-0.45
	法国	72.72	73.03	73.00	73.43	72.22	-1.21	-0.20
	德国	75.42	75.24	75.34	74.29	72.05	-2.24	-0.66
	意大利	70.67	71.28	71.89	71.17	66.65	-4.52	-0.83
	日本	75.54	75.51	75.57	68.39	74.08	5.69	-0.19
	韩国	62.98	64.19	64.30	63.56	64.11	0.55	0.22
	英国	75.65	75.86	76.11	70.13	73.39	3.26	-0.69
	美国	73.99	73.79	73.79	72.46	73.99	1.53	-0.04

---

① "三保"分别指保基本民生、保工资、保运转；"六保"分别指保居民就业、保基本民生、保市场主体、保粮食能源安全、保产业链供应链稳定、保基层运转。

国家		2017 年	2018 年	2019 年	2020 年	2021 年	2021 年增幅	2017~2021 年增幅平均值
发展中国家	中国	44.78	44.66	44.63	43.55	45.69	2.15	0.05
	土耳其	65.83	64.99	68.17	66.67	62.50	-4.17	-1.09
	俄罗斯	65.62	64.55	60.39	58.71	62.17	3.46	-0.51
	南非	54.73	57.43	53.73	57.06	55.61	-1.46	1.63

注：由于加拿大、巴西、墨西哥的财政刚性支出原始数据缺失，故表中未展示这 3 个国家的财政恩格尔系数。

资料来源：IMF 数据库、OECD 数据库、《中央和地方预算执行情况及中央和地方预算草案的报告》。

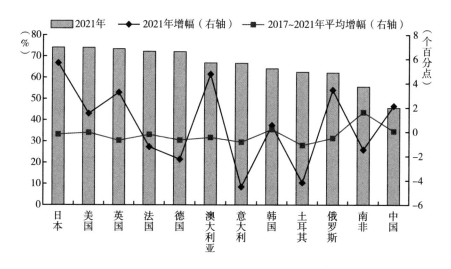

图 9 2021 年财政恩格尔系数及变化情况的国际比较

如图 10 所示，2016~2021 年，包括中国在内的发展中国家的财政恩格尔系数平均水平波动较小。与之相比，2016~2020 年发达国家的财政恩格尔系数平均水平呈下降趋势，在 2021 年受新冠疫情冲击发达国家的财政恩格尔系数平均水平有所上升。中国的财政恩格尔系数一直低于发达国家和发展中国家的平均水平。2021 年，发达国家财政恩格尔系数的平均水平约为中国财政恩格尔系数的 1.5 倍。由此可知，相较发达国家和绝大部分发展中国家，中国的财政部门能够依据经济社会形势变化，审时度势地及时调整支出方向，进而更好地发挥财政职能。

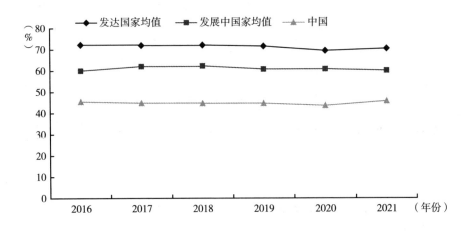

图10 2016～2021年财政恩格尔系数的国际比较

（五）民生支出密度

"民生支出密度"表示一国人均民生性财政支出水平，其测算公式为（教育支出+医疗支出+社会保障与就业支出+住房与社区支出）/总人口。该指标数值越大，说明该国人民平均享有财政投入保障的教育、医疗、社保、住房等民生公共服务水平越高。

如表7所示，将发达国家与发展中国家的民生支出密度进行对比可知，发达国家的民生支出密度普遍大于发展中国家，2021年位列前3的国家分别为法国、德国和美国，位居后3的国家为土耳其、中国和南非。从增长率来看，2021年除土耳其、俄罗斯和南非的增长率为负数外，多数国家呈现正增长态势。中国2021年的民生支出密度为3472.69美元/人，与其他各国相比处于较低水平。2017～2021年所有国家平均增长率均为正增长，其中增长率排名前3的国家为韩国、美国和中国。虽然中国民生支出密度目前仍处于较低水平，但就增长趋势来看，2017~2021 年的民生支出密度逐年提升，维持正增长态势，2021 年中国民生支出密度增长率为 5.41%，远高于发展中国家的平均水平，2017~2021 年中国民生支出密度年均增长率为 7.90%。

表7 2017~2021 年民生支出密度及变化的国际比较

单位：美元/人，%

国家		2017 年	2018 年	2019 年	2020 年	2021 年	2021 年增长率	2017~2021 年增长率平均值
发达国家	澳大利亚	11258.85	11568.96	12159.02	13564.69	14889.35	9.77	5.94
	法国	17252.92	17817.55	19515.07	21064.71	21772.64	3.36	5.40
	德国	16513.38	17171.94	18431.86	20344.75	21294.69	4.67	6.15
	意大利	13212.34	13694.56	14982.58	16666.24	17385.11	4.31	6.35
	日本	11268.38	11425.76	11761.71	12900.31	13721.73	6.37	4.41
	韩国	6808.6	7473.65	8354.7	9607.6	10380.13	8.04	9.78
	英国	12956.3	13217.45	14043.85	15969.03	16968.43	6.26	6.01
	美国	14109.98	14637.04	15351.95	18709.72	20426.23	9.17	8.51
发展中国家	中国	2487.45	2837.68	3159.28	3294.48	3472.69	5.41	7.90
	土耳其	5684.63	5523.28	5989.49	5891.4	5528.26	-6.16	0.41
	俄罗斯	5452.73	5635.83	6109.05	6491.12	6488.54	-0.04	4.84
	南非	2721.09	2971.85	2844.81	3038.15	3030.02	-0.27	5.85

注：由于加拿大、巴西、墨西哥的民生性财政支出原始数据缺失，故表中未展示这 3 个国家的民生支出密度。

资料来源：IMF 数据库、OECD 数据库、WB 数据库。

如图 11 所示，就民生支出密度水平来看，发达国家远高于发展中国家，其中，德国、美国、英国和日本这 4 个发达国家的民生支出密度远远高于俄罗斯、土耳其和中国这 3 个发展中国家。就各国来看，2021 年德国的民生支出密度高达 21294.69 美元/人，高于美国、英国和日本。而中国的民生支出密度仅约为德国的 1/6，土耳其和俄罗斯的民生支出密度高于中国。从各国民生支出密度变化趋势来看，美国、日本、德国、英国和中国 2017~2021 年民生支出密度均呈现平稳上升趋势，美国的上升幅度略大于其他国家，土耳其呈现先上升后下降的趋势，俄罗斯除 2021 年外整体呈现逐年上升的趋势。

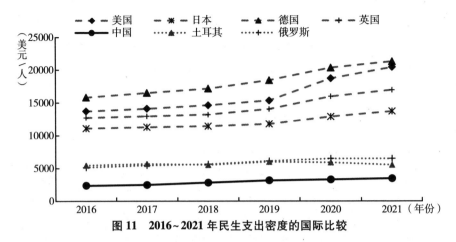

图11　2016~2021年民生支出密度的国际比较

如图12所示，从增速来看，发达国家中的美国和英国2021年民生支出密度增长率与其2017~2021年平均增长率大致相当，其余10国2021年民生支出密度增长率与其2017~2021年平均增长率均存在差距。虽然中国的民生支出密度水平与其他各国相比较低，但增长速度较快，2021年中国民生支出密度增速为5.41%，2017~2021年中国民生支出密度平均增速为7.90%，高于大多数发达国家的同期平均增速。中国民生支出密度的持续增长态势充分反映了近些年中国政府对民生领域公共服务的重视。

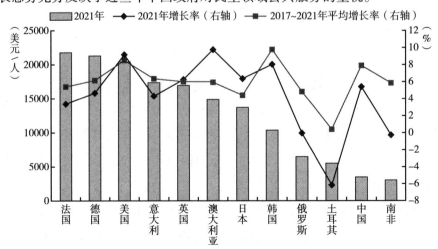

图12　2021年民生支出密度及变化趋势的国际比较

二 财政稳定方面的独立性指标

（一）财政赤字水平

"财政赤字水平"采用了中期财政赤字、基本财政赤字、结构性财政赤字这三个指标，从不同维度刻画了一国政府的财政赤字水平。

1. 中期财政赤字

中期财政赤字＝近3年财政赤字率的平均值，大、中口径下的中期财政赤字分别为近三年大、中口径下财政赤字率的平均值。大口径下财政赤字率的测算公式为（财政总支出－财政总收入）/GDP×100%。中口径下财政赤字率的测算公式为［（财政总支出－社会保障基金支出）－（财政总收入－社会保障基金收入）］/GDP×100%。

由表8可知，中口径下2021年只有中国、墨西哥、南非、韩国、英国和美国的中期财政赤字为正值，大口径下除了俄罗斯以外其他国家的中期财政赤字全为正值。由于中口径赤字与大口径赤字的差别在于社会保障基金收支，因此可以推测出世界上大多数国家的财政赤字主要来源于社会保障基金收支缺口，而中国的中口径赤字与大口径赤字始终为正且数值差距不大，说明中国财政赤字主要来源于一般公共预算、政府性基金预算和国有资本经营预算这三本预算。

从排名来看，2021年中国中口径中期财政赤字水平最高，中国大口径中期财政赤字水平仅次于美国和英国。从国际可比口径的角度来看，中国的财政赤字处于较高水平。这一结论与中国财政预决算报告中官方发布的赤字率有一定差距，建议未来中国政府采用多个口径测算财政赤字，以便对财政赤字的主要来源有更加精准的掌握。

由图13可见，无论在中口径还是大口径下，2017～2019年所有国家的中期财政赤字处于小幅下降或上升的平稳态势，但是在2019年之后，绝大多数国家的中期财政赤字出现了明显的上涨趋势。中国的中期财政赤字2019～2021年呈现增长的趋势，说明近年来，因为减税降费、

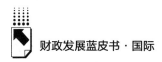

三期叠加、新冠疫情和中美贸易战等原因，中国的财政赤字情况不容乐观。

表8 2017~2021年两种口径下中期财政赤字的国际比较

单位：%，个百分点

国家		中期财政赤字（中口径）						
		2017年	2018年	2019年	2020年	2021年	2021年增幅	2017~2021年增幅平均值
发达国家	加拿大	−4.95	−5.25	−5.47	−3.69	−2.96	0.73	0.35
	法国	−3.68	−4.23	−4.87	−4.45	−3.96	0.49	−0.11
	德国	−8.43	−8.64	−8.69	−7.30	−6.00	1.31	0.43
	意大利	−6.96	−6.92	−7.13	−5.97	−4.41	1.56	0.50
	日本	−5.01	−5.18	−5.18	−2.89	−2.00	0.89	0.50
	韩国	−0.58	−1.46	−1.33	0.23	1.25	1.02	0.24
	英国	−2.55	−2.94	−2.81	0.49	2.29	1.80	0.84
	美国	−3.07	−2.48	−2.00	0.16	1.07	0.91	0.77
发展中国家	巴西	2.32	1.08	−0.15	−0.78	−2.18	−1.41	−0.93
	中国	3.45	3.83	4.36	5.91	6.01	0.10	0.65
	土耳其	−2.43	−1.51	−0.86	−0.80	−0.54	0.26	0.55
	墨西哥	0.92	0.86	0.91	1.41	1.28	−0.13	−0.04
	俄罗斯	−4.18	−5.15	−6.32	−5.76	−5.33	0.43	−0.19
	南非	0.62	0.74	1.48	2.54	2.34	−0.20	0.39

国家		中期财政赤字（大口径）						
		2017年	2018年	2019年	2020年	2021年	2021年增幅	2017~2021年增幅平均值
发达国家	澳大利亚	1.73	1.45	3.20	5.66	6.59	0.93	0.91
	加拿大	0.21	0.07	−0.07	3.51	5.08	1.57	0.99
	法国	3.41	2.96	2.77	4.78	6.18	1.40	0.49
	德国	−1.15	−1.48	−1.60	0.29	2.13	1.85	0.61
	意大利	2.46	2.33	2.03	4.42	6.63	2.20	0.80
	日本	3.33	2.93	2.81	5.15	6.32	1.17	0.45
	韩国	−2.02	−2.64	−2.22	−0.43	0.69	1.11	0.44
	英国	3.49	2.71	2.42	5.97	7.83	1.86	0.66
	美国	4.81	5.31	5.75	9.20	11.00	1.80	1.19

续表

国家		中期财政赤字(大口径)					2021 年增幅	2017~2021 年增幅平均值
		2017 年	2018 年	2019 年	2020 年	2021 年		
发展中国家	巴西	8.35	7.66	6.70	7.55	5.98	-1.58	-0.29
	中国	4.20	4.66	5.33	7.53	7.78	0.25	0.87
	土耳其	1.20	2.33	3.36	3.98	4.42	0.44	0.84
	墨西哥	3.41	3.40	3.66	4.58	4.85	0.27	0.18
	俄罗斯	1.45	-0.65	-2.07	-1.47	-0.75	0.72	-0.46
	南非	4.92	5.26	6.03	7.71	7.35	-0.36	0.56

注：由于澳大利亚的社会保障基金收入数据缺失，因此无法测算其中口径的中期财政赤字。

资料来源：IMF 数据库、OECD 数据库、《中央和地方预算执行情况及中央和地方预算草案的报告》。

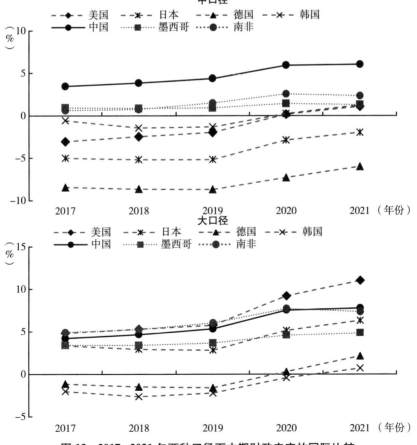

图 13　2017~2021 年两种口径下中期财政赤字的国际比较

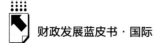

如图 14 所示，在中口径下，中期财政赤字水平和人均 GDP 呈现负向的相关关系，这说明人均 GDP 越高的国家即越发达的国家，中期财政赤字水平越低。但在大口径下，中期财政赤字水平和人均 GDP 则呈现较弱的正向相关关系。由此可见，在中口径未考虑社会保障基金收支数据的情况下，中期财政赤字水平和人均 GDP 的相关性更强。

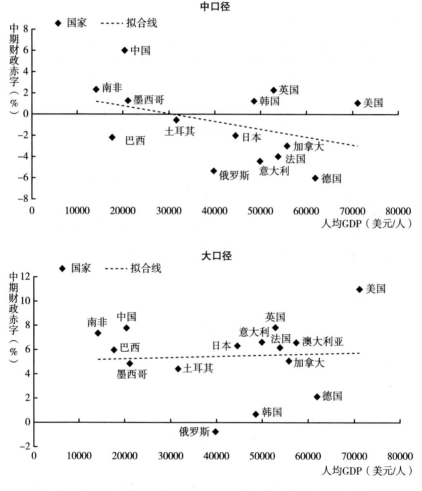

图 14　2021 年两种口径下中期财政赤字与人均 GDP 的散点图

2. 基本财政赤字

根据国际货币基金组织的定义，基本财政赤字是指扣除债务利息支出后的财政赤字水平。大口径下基本财政赤字的公式为（财政总支出-财政总收入-政府利息支出）/GDP×100%。中口径下基本财政赤字公式为（扣除社保基金支出的财政支出-扣除社保基金收入的财政收入-政府利息支出）/GDP×100%。

如表9和图15所示，2021年中口径下中国基本财政赤字水平与其他国家有明显的差距，仅中国的基本财政赤字为正，赤字率为3.86%，其余国家均为负。2017~2021年，德国、意大利和巴西的基本财政赤字水平整体较低。中国基本财政赤字水平2017~2021年年均增幅为0.17个百分点。

表9 2017~2021年两种口径下基本财政赤字的国际比较

单位：%，个百分点

国家		基本财政赤字（中口径）						
		2017年	2018年	2019年	2020年	2021年	2021年增幅	2017~2021年增幅平均值
发达国家	加拿大	-8.20	-8.69	-8.41	-2.95	-6.22	-3.28	0.31
	法国	-5.90	-7.01	-7.08	-4.14	-5.19	-1.05	0.09
	德国	-9.60	-9.82	-9.48	-5.03	-5.55	-0.52	0.84
	意大利	-10.81	-10.71	-11.21	-7.03	-5.86	1.18	1.06
	日本	-6.99	-7.25	-6.49	0.06	-4.39	-4.45	0.48
	韩国	-2.56	-3.29	-1.43	2.10	-0.21	-2.31	0.35
	英国	-5.74	-5.58	-4.55	4.92	-0.47	-5.39	0.95
	美国	-7.28	-5.57	-5.24	-0.72	-2.45	-1.73	0.81
发展中国家	巴西	-7.81	-8.27	-8.98	-6.04	-10.07	-4.03	-0.33
	中国	2.69	3.64	4.42	7.13	3.86	-3.28	0.17
	土耳其	-3.28	-3.94	-3.21	-4.08	-3.43	0.66	0.23
	墨西哥	-2.88	-0.53	-2.39	-1.57	-1.09	0.48	0.21
	俄罗斯	-5.32	-8.91	-7.47	-3.61	-7.45	-3.84	-0.69
	南非	-2.73	-2.66	-2.12	-0.54	-4.16	-3.62	-0.12

续表

国家		基本财政赤字（大口径）						
		2017 年	2018 年	2019 年	2020 年	2021 年	2021 年增幅	2017~2021 年增幅平均值
发达国家	澳大利亚	-0.13	0.05	5.60	7.34	2.98	-4.36	0.56
	加拿大	-2.78	-3.34	-2.99	7.87	1.66	-6.21	0.85
	法国	1.04	0.42	1.47	7.57	4.96	-2.61	0.67
	德国	-2.39	-2.90	-2.34	3.68	2.99	-0.69	1.08
	意大利	-1.54	-1.67	-2.05	5.95	5.10	-0.85	1.36
	日本	1.14	0.64	1.46	8.35	4.34	-4.01	0.56
	韩国	-3.81	-4.10	-2.05	1.56	-0.74	-2.30	0.54
	英国	-0.23	-0.24	0.29	11.16	5.07	-6.09	0.84
	美国	0.49	2.09	2.58	10.94	7.87	-3.07	1.28
发展中国家	巴西	-0.56	-1.83	-2.14	5.67	-4.14	-9.81	-0.35
	中国	3.37	4.56	5.75	9.76	5.22	-4.54	0.27
	土耳其	0.56	-0.13	1.80	1.46	0.92	-0.53	0.33
	墨西哥	-0.41	2.10	0.76	2.17	2.73	0.56	0.47
	俄罗斯	-0.09	-5.06	-3.78	1.72	-2.72	-4.44	-0.63
	南非	1.49	2.41	2.23	5.55	0.44	-5.11	-0.05

注：由于澳大利亚的社会保障基金收入数据缺失，因此无法测算其中口径的基本财政赤字。

资料来源：IMF 数据库、OECD 数据库、《中央和地方预算执行情况及中央和地方预算草案的报告》、《中国统计年鉴》。

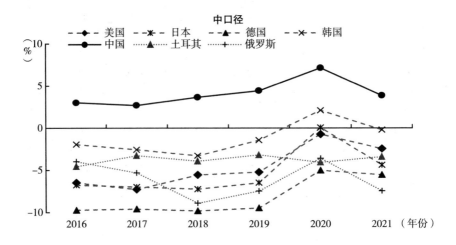

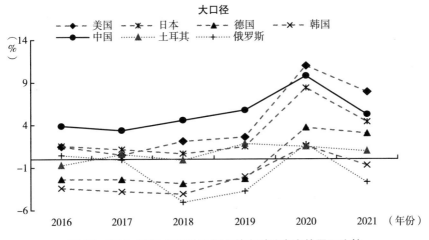

图15 2016~2021年两种口径下基本财政赤字的国际比较

在大口径下，2021年除韩国、巴西和俄罗斯基本财政赤字为负外，其他国家均为正，中国的基本财政赤字为5.22%，仅低于美国。2017~2020年，大部分国家基本财政赤字呈现波动中上升的趋势，部分国家波动幅度较大。2021年，除墨西哥外其他国家的基本财政赤字均出现了下降。中国的基本财政赤字在2017年出现下降，此后持续增长，直到2021年出现下降趋势。中国基本财政赤字2017~2021年平均增幅为0.27个百分点，相较发达国家而言，平均增幅水平较低。

通过对比表8和表9中各个国家的赤字率数值，可以观察到在扣除政府利息支出后，中国财政赤字率变化幅度较小，而其他国家的财政赤字率发生了较大幅度下降，由此说明利息支出是除了中国以外世界大部分国家产生财政赤字的主要来源。

3.结构性财政赤字

结构性财政赤字=财政赤字率−周期性财政赤字率，即利用hp滤波法，在总财政赤字中剔除经济周期波动造成的赤字。大口径与中口径结构性财政赤字的定义参考上文。

如表10和图16所示，在中口径下，2017~2021年除中国、巴西、南非、墨西哥、英国、韩国和美国的结构性财政赤字出现正值外，其他国家结构性财政赤字均为负。2021 年中国中口径的结构性财政赤字达 6.19%,2017~2021 年呈现逐年上升的趋势,5 年平均增幅为 0.56 个百分点。从变化趋势来看,2017~2021 年除巴西和俄罗斯外其余各国的结构性财政赤字呈现上升趋势,其中,中国的结构性财政赤字水平各年均为最高,且呈现增长态势。2021 年中口径结构性财政赤字的增幅排名前 3 的国家为英国、意大利和美国,中国结构性财政赤字的增幅为 0.29 个百分点,增幅较其他国家而言较低。

表 10 2017~2021 年两种口径下结构性财政赤字的国际比较

单位：%，个百分点

国家		结构性财政赤字（中口径）						
		2017 年	2018 年	2019 年	2020 年	2021 年	2021 年增幅	2017~2021 年增幅平均值
发达国家	加拿大	-5.02	-4.72	-4.07	-3.21	-2.52	0.69	0.49
	法国	-4.24	-4.39	-4.30	-4.00	-3.70	0.30	0.05
	德国	-8.47	-8.07	-7.27	-6.16	-5.04	1.12	0.70
	意大利	-6.99	-6.53	-5.68	-4.40	-2.99	1.41	0.83
	日本	-4.77	-4.33	-3.46	-2.37	-1.50	0.87	0.65
	韩国	-0.72	-0.51	0.08	0.84	1.50	0.66	0.42
	英国	-2.30	-1.47	0.00	1.88	3.56	1.68	1.21
	美国	-2.42	-1.58	-0.46	0.80	1.94	1.14	0.95
发展中国家	巴西	1.12	0.28	-0.75	-1.85	-3.07	-1.22	-0.94
	中国	4.05	4.72	5.37	5.90	6.19	0.29	0.56
	土耳其	-1.78	-1.24	-0.82	-0.47	-0.13	0.34	0.46
	墨西哥	1.06	1.10	1.19	1.39	1.64	0.25	0.09
	俄罗斯	-5.08	-5.35	-5.45	-5.46	-5.64	-0.18	-0.13
	南非	1.07	1.49	1.89	2.14	2.17	0.02	0.29
国家		结构性财政赤字（大口径）						
		2017 年	2018 年	2019 年	2020 年	2021 年	2021 年增幅	2017~2021 年增幅平均值
发达国家	澳大利亚	2.54	3.47	4.67	5.68	6.34	0.66	0.85
	加拿大	0.43	1.35	2.86	4.73	6.29	1.56	1.25
	法国	3.29	3.74	4.66	5.89	7.04	1.14	0.76
	德国	-1.27	-0.70	0.40	1.92	3.46	1.54	0.97

国家		结构性财政赤字（大口径）					2021 年增幅	2017~2021 年增幅平均值
		2017 年	2018 年	2019 年	2020 年	2021 年		
发达国家	意大利	2.52	3.26	4.62	6.54	8.51	1.97	1.25
	日本	3.43	3.79	4.69	5.91	6.95	1.04	0.67
	韩国	-1.93	-1.50	-0.70	0.25	1.07	0.83	0.61
	英国	3.45	4.09	5.48	7.40	9.11	1.71	1.12
	美国	5.51	6.74	8.51	10.62	12.56	1.94	1.52
发展中国家	巴西	7.68	7.45	6.96	6.27	5.10	-1.17	-0.47
	中国	5.00	5.90	6.81	7.59	8.05	0.46	0.78
	土耳其	2.09	2.93	3.70	4.31	4.83	0.51	0.72
	墨西哥	3.71	3.97	4.35	4.88	5.46	0.58	0.35
	俄罗斯	-0.21	-0.77	-0.98	-0.93	-1.03	-0.11	-0.26
	南非	5.58	6.21	6.79	7.22	7.32	0.10	0.45

注：由于澳大利亚的社会保障基金收入数据缺失，因此无法计算其中口径的结构性财政赤字。

资料来源：IMF 数据库、OECD 数据库、《中央和地方预算执行情况及中央和地方预算草案的报告》、《中国统计年鉴》。

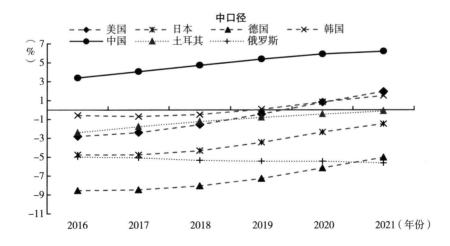

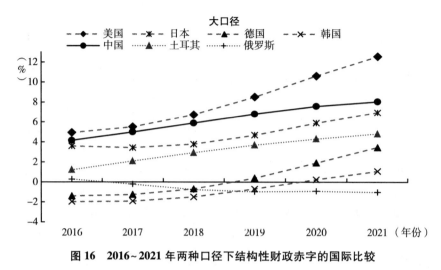

图16 2016~2021年两种口径下结构性财政赤字的国际比较

在大口径下，2021年各国结构性财政赤字除俄罗斯为负值外，其他国家均为正。2021年中国大口径的结构性财政赤字达8.05%，结构性财政赤字水平处于中等偏上水平。从变化趋势来看，中国的结构性财政赤字2017~2021年呈现逐年上升的趋势，5年的平均增幅为0.78个百分点，上升速度略快于中口径。2017~2021年，除巴西和俄罗斯呈现下降趋势外，其他国家的结构性财政赤字基本呈现增长态势，中国、美国、土耳其、德国、日本和韩国均呈现逐年上升趋势。2021年大口径结构性财政赤字的增幅排名前3的国家为意大利、美国和英国，中国的增幅为0.46个百分点。在不考虑宏观经济周期的情况下，中国财政部门需要着力从内部出发进一步完善各项制度。

（二）财政自给率

"财政自给率"指财政收入与财政支出的比值，意味着财政支出中有多少比例来源于财政收入，有别于综合指标体系下财政收支与GDP的比值的定义，这一指标反映了财政自给自足的能力。大口径下财政自给率的公式为财政总收入/财政总支出×100%。中口径下财政自给率的公式为（财政总收入-社保基金收入）/（财政总支出-社保基金支出）×100%。

如表 11 所示,中口径下,2021 年财政自给率位居前 3 的国家分别为俄罗斯、德国和巴西,位居后 3 的国家为中国、墨西哥和英国。2021 年中国财政自给率为 84.32%,排名末位。2021 年财政自给率的增幅位居前 3 的国家分别为俄罗斯、日本和巴西,中国 2021 年财政自给率的增幅为 7.53 个百分点,高于各国平均水平。中国 2018~2020 年的财政自给率出现负增长,2017~2021 年中国财政自给率的 5 年平均降幅为 0.76 个百分点,在 14 国中较其他国家而言降幅较小。

表 11　2017~2021 年两种口径下财政自给率的国际比较

单位:%,个百分点

国家		财政自给率(中口径)						
		2017 年	2018 年	2019 年	2020 年	2021 年	2021 年增幅	2017~2021 年增幅平均值
发达国家	加拿大	116.97	118.09	117.22	99.90	110.35	10.45	-0.94
	法国	112.92	116.99	118.27	108.35	111.40	3.06	-0.05
	德国	142.37	143.52	141.97	118.28	119.88	1.60	-4.41
	意大利	125.84	126.30	129.68	111.20	106.84	-4.36	-3.92
	日本	130.61	132.81	128.13	93.16	113.39	20.22	-2.96
	韩国	106.03	109.30	101.29	88.97	97.10	8.12	-1.19
	英国	110.77	111.03	108.42	81.50	93.19	11.69	-3.32
	美国	114.34	106.57	104.66	89.09	95.69	6.60	-3.03
发展中国家	巴西	95.89	98.75	107.38	102.54	115.64	13.10	4.14
	中国	88.94	86.18	83.86	76.79	84.32	7.53	-0.76
	土耳其	104.67	104.08	102.59	103.79	100.77	-3.02	-2.14
	墨西哥	100.16	89.57	98.02	93.64	91.32	-2.32	-1.49
	俄罗斯	118.09	134.51	125.53	110.32	134.23	23.92	4.46
	南非	97.10	96.44	94.41	89.22	98.13	8.92	-0.42
国家		财政自给率(大口径)						
		2017 年	2018 年	2019 年	2020 年	2021 年	2021 年增幅	2017~2021 年增幅平均值
发达国家	澳大利亚	96.76	96.33	83.65	81.34	90.45	9.11	-1.05
	加拿大	99.73	100.85	99.96	79.65	90.61	10.96	-1.66
	法国	94.76	95.89	94.46	85.36	89.03	3.68	-0.91

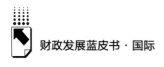

续表

国家		财政自给率（大口径）						
		2017 年	2018 年	2019 年	2020 年	2021 年	2021 年增幅	2017~2021 年增幅平均值
发达国家	德国	103.02	104.40	103.39	91.40	92.96	1.56	-1.93
	意大利	95.04	95.53	96.90	83.16	84.41	1.26	-2.14
	日本	92.22	93.76	91.92	78.60	86.55	7.95	-0.87
	韩国	108.86	109.71	102.82	92.93	99.16	6.23	-1.63
	英国	93.91	94.44	93.93	74.90	83.75	8.85	-1.65
	美国	88.27	83.79	82.48	68.63	74.29	5.66	-2.31
发展中国家	巴西	82.58	85.44	89.47	76.48	94.76	18.28	2.07
	中国	88.80	86.23	83.51	74.69	83.74	9.05	-0.77
	土耳其	91.80	91.71	87.52	87.01	87.01	0.00	-1.82
	墨西哥	90.39	81.41	86.42	81.90	79.47	-2.43	-1.94
	俄罗斯	97.76	112.17	107.82	93.33	106.71	13.38	2.09
	南非	86.78	84.89	84.98	77.34	87.57	10.23	-0.35

注：由于澳大利亚的社会保障基金收入数据缺失，因此无法测算其中口径财政自给率。

资料来源：IMF 数据库、OECD 数据库、《中央和地方预算执行情况及中央和地方预算草案的报告》、《中国统计年鉴》。

大口径下，2021 年财政自给率位居前 3 的国家分别为俄罗斯、韩国和巴西，位居后 3 的国家为美国、墨西哥和中国。2021 年中国财政自给率为83.74%。2021 年财政自给率增幅位居前 3 的国家分别为巴西、俄罗斯和加拿大。2021 年中国财政自给率的增幅为 9.05 个百分点，在 15 国中处于中上水平。2017~2021 年中国财政自给率的年平均降幅为 0.77 个百分点，与其他国家相比降幅呈现较低水平。

如图 17 所示，中口径下，2016~2019 年除个别国家外，大部分国家财政自给率水平波动较小，2019~2021 年各国财政自给率均呈现先下降后增长的态势，这主要是由于 2020 年上半年的新冠疫情对全球经济造成冲击，减少了各国政府的财政收入。中国的财政自给率 2017 年短暂增长后，开始呈现下降趋势，直到 2021 年财政自给率水平又出现增长趋势。大口径下，各个国家的发展趋势未发生明显改变，但各个国家的相对水平位置较中口径有所改变，各国分布变得更加集中。与中口径相比，中国大口径下的财政自给率水平的排名有所提升，而美国和日本的排名出现下滑。

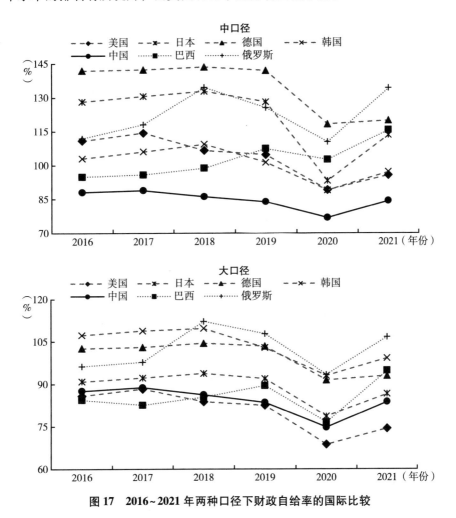

图17　2016～2021年两种口径下财政自给率的国际比较

如图18所示，从2021年发达国家财政自给率排名来看，不同口径下的各国排名发生变化较大：中口径下日本的财政自给率在发达国家中位居第2，而在大口径下排名倒数第4；中口径下韩国的财政自给率在发达国家中排名倒数第3，而在大口径下排名第1。在中口径下，2021年意大利为发达国家中唯一出现财政自给率下降的国家；在大口径下，意大利2021年的财政自给率增长幅度较其他发达国家而言较小。

从 2021 年发展中国家的财政自给率排名来看，6 个国家的财政自给率排名在中口径下依次为俄罗斯、巴西、土耳其、南非、墨西哥和中国，在大口径下依次为俄罗斯、巴西、南非、土耳其、中国和墨西哥。无论在中口径还是大口径下，中国的财政自给率水平排名均靠后。较低的财政自给率将对财政稳定性产生一定程度的不利影响，中国财政部门应该尽快采取措施提高我国财政自给率。

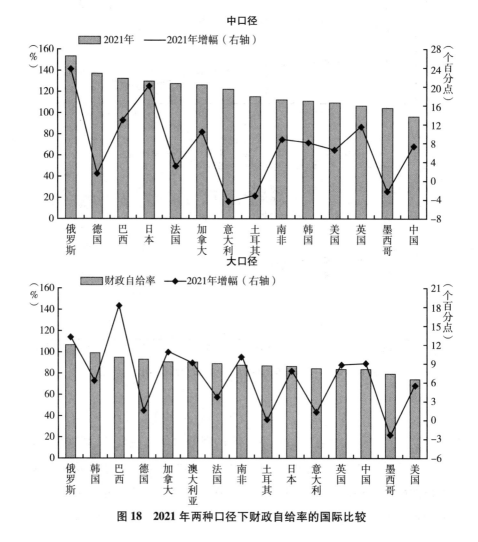

图 18　2021 年两种口径下财政自给率的国际比较

（三）社会保障基金收支缺口

社会保障基金收支缺口的测度公式为（社会保障基金当年支出−社会保障基金当年收入）／社会保障基金当年收入×100%，用以衡量社会保障部门支出与收入的差距水平。

如表12所示，2021年各国社会保障基金收支缺口差距较大，位居前3的国家分别为南非、墨西哥和加拿大，位居后3的国家为德国、中国和韩国。中国2021年社会保障基金收支缺口为22.93%，与他国相比处于较低水平。就增幅而言，2021年多数国家社会保障基金收支缺口增幅为负，呈现下降趋势。社会保障基金收支缺口增幅位居前3的国家为墨西哥、俄罗斯和日本，位居后3的国家为南非、加拿大和巴西。就2017~2021年平均增幅而言，除日本和英国为负增长外，其他国家均为正增长，其中增幅排名前3的国家为南非、加拿大和墨西哥，位居后3的国家为英国、日本和中国。在2020年新冠疫情期间中国财政部门落实"六保"政策的情况下，中国2020年社会保障基金收支缺口增加32.04个百分点，2021年社会保障基金收支缺口又回落31.14个百分点，2017~2021年社会保障基金收支缺口的平均增幅为0.95个百分点，这5年的平均增幅在14国中处于较低水平。

如图19所示，从社会保障基金收支缺口变化趋势来看，2016~2021年德国和日本的社会保障基金收支缺口数值接近且都波动不大，德国社会保障基金收支缺口稳定在40%~50%，日本社会保障基金收支缺口高于德国，基本在60%~65%波动。而美国2016~2019年社会保障基金收支缺口稳定，2020年大幅上升后在2021年有所回落。俄罗斯的社会保障基金收支缺口呈现波动式增长的趋势。中国的社会保障基金收支缺口在2016~2020年呈现上升的趋势，2020年达到54.07%，在2021年收支缺口则有所回落。

表12 2017~2021年社会保障基金收支缺口的国际比较

单位：%，个百分点

国家		2017年	2018年	2019年	2020年	2021年	2021年增幅	2017~2021年增幅平均值
发达国家	加拿大	118.98	117.05	117.31	226.38	169.20	-57.18	12.28
	法国	37.07	41.31	51.15	69.11	60.54	-8.58	4.40
	德国	42.83	40.68	41.46	48.74	48.89	0.15	0.99
	意大利	71.36	68.27	68.00	93.89	81.12	-12.76	1.70
	日本	63.33	60.13	59.60	60.70	63.49	2.80	-0.39
	韩国	-16.15	-9.95	-7.16	-5.75	-5.59	0.17	2.70
	英国	71.41	69.09	59.66	70.85	63.14	-7.71	-3.30
	美国	116.94	115.70	117.67	170.93	155.72	-15.20	7.13
发展中国家	巴西	64.97	60.30	64.08	118.12	64.09	-54.03	1.82
	中国	13.54	15.60	22.03	54.07	22.93	-31.14	0.95
	土耳其	51.64	49.34	65.81	77.95	68.16	-9.79	3.85
	墨西哥	148.71	155.80	178.61	195.33	209.55	14.22	11.89
	俄罗斯	74.29	53.22	51.84	73.13	85.86	12.73	6.14
	南非	814.98	893.91	714.86	1139.73	839.80	-299.93	18.47

注：表中增幅为社会保障基金收支缺口的增幅。由于澳大利亚的社会保障基金收入数据缺失，因此无法测算其社会保障基金收支缺口。

资料来源：IMF数据库、OECD数据库、《中央和地方预算执行情况及中央和地方预算草案的报告》、《中国统计年鉴》。

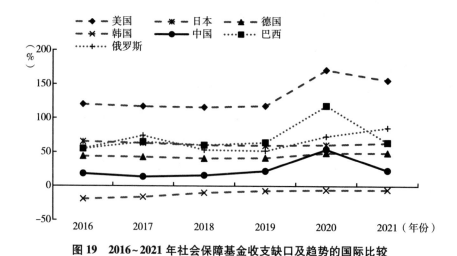

图19 2016~2021年社会保障基金收支缺口及趋势的国际比较

（四）政府债务水平

"政府债务水平"采用了国际通用指标——负债率、债务率和债务成本来测量一国政府的债务风险水平。

1. 负债率

负债率的测算公式为政府债务余额/GDP×100%。考虑到流动资产具有较好的变现能力，本报告还测算了扣除流动资产后的负债率，其测算公式为（政府债务余额-金融资产）/GDP×100%。

如表13和图20所示，在负债率方面，2021年日本的负债率水平最高，为244.16%；意大利第2，为172.76%；美国第3，为146.62%。在2021年，中国的负债率水平为44.65%，在14个国家中居倒数第3。相较2020年，2021年负债率水平增长幅度最大的国家为韩国，增长幅度为0.84个百分点。2021年中国负债率增长幅度为0.47个百分点，在14国中处于中等偏上水平。2017~2021年，负债率平均增长幅度最大的3个国家是南非、日本和英国，分别为5.03个百分点、4.81个百分点、4.32个百分点。2017~2021年，中国的负债率平均增长幅度仅为1.81个百分点，在14国中居于中等偏下水平。

在扣除流动资产后的负债率方面，2021年意大利、日本和美国位居前3，分别为142.04%、121.95%、119.52%。在2021年，中国扣除流动资产后的负债率为38.57%，相较其他国家处于中等偏下的水平。相较2020年，2021年扣除流动资产后的负债率水平增长幅度最大的国家为俄罗斯，为3.45个百分点。2021年中国扣除流动资产后的负债率增幅为0.84个百分点，在14国中相对较高。2017~2021年，扣除流动资产后的负债率平均增长幅度最高的3个国家是南非、英国和意大利，分别为5.76个百分点、3.39个百分点、2.90个百分点。2017~2021年，中国的平均增长幅度仅为1.78个百分点，在14国中处于中等水平。

表 13　2017~2021 年两种口径下负债率的国际比较

单位：%，个百分点

国家		负债率						
		2017 年	2018 年	2019 年	2020 年	2021 年	2021 年增幅	2017~2021 年增幅平均值
发达国家	澳大利亚	69.74	70.99	78.09	95.73	92.97	-2.76	3.92
	加拿大	112.32	110.38	112.78	146.35	132.42	-13.94	3.24
	法国	123.40	121.21	123.53	145.98	138.54	-7.44	2.89
	德国	73.28	70.15	68.67	81.56	79.15	-2.41	0.36
	意大利	153.45	148.12	155.70	185.10	172.76	-12.34	3.28
	日本	219.90	223.90	225.31	246.66	244.16	-2.49	4.81
	韩国	40.82	41.88	44.23	50.01	50.85	0.84	1.60
	英国	120.65	117.42	120.19	152.83	142.75	-10.08	4.32
	美国	134.55	136.51	134.98	158.01	146.62	-11.39	1.72
发展中国家	巴西	92.31	93.28	97.89	101.46	86.27	-15.19	1.60
	中国	34.76	35.12	37.27	44.18	44.65	0.47	1.81
	土耳其	32.28	32.26	35.10	42.88	43.54	0.66	2.33
	俄罗斯	18.54	18.44	18.65	24.24	19.43	-4.81	0.59
	南非	58.00	63.57	70.37	83.42	80.71	-2.71	5.03
国家		负债率（扣除流动资产）						
		2017 年	2018 年	2019 年	2020 年	2021 年	2021 年增幅	2017~2021 年增幅平均值
发达国家	澳大利亚	12.81	14.02	22.02	35.24	31.30	-3.95	2.69
	加拿大	34.06	31.33	31.26	44.25	33.20	-11.04	-1.72
	法国	77.59	78.07	78.58	93.25	86.58	-6.67	1.47
	德国	34.05	31.27	28.24	35.48	33.44	-2.04	-0.91
	意大利	124.81	119.82	126.67	152.42	142.04	-10.39	2.90
	日本	119.81	121.24	123.81	124.86	121.95	-2.90	0.27
	韩国	-35.24	-34.73	-39.73	-40.77	-44.90	-4.12	-2.62
	英国	86.42	83.49	86.13	112.55	103.83	-8.72	3.39
	美国	109.67	111.14	110.21	124.10	119.52	-4.58	1.19
发展中国家	巴西	52.71	52.64	56.14	59.85	47.78	-12.07	-0.10
	中国	28.85	29.79	31.53	37.73	38.57	0.84	1.78
	土耳其	17.36	18.37	22.07	26.22	25.87	-0.35	2.42
	俄罗斯	-15.91	-17.85	-18.40	-17.67	-14.22	3.45	0.83
	南非	19.01	21.60	27.00	40.24	42.20	1.96	5.76

注：由于墨西哥的政府债务余额数据缺失，因此表中未显示该国的负债率数据。

资料来源：IMF 数据库、OECD 数据库、《中央和地方预算执行情况及中央和地方预算草案的报告》、《中国统计年鉴》、《中国财政统计年鉴》、央行资产负债表、全国社会保障基金理事会官网年度报告。

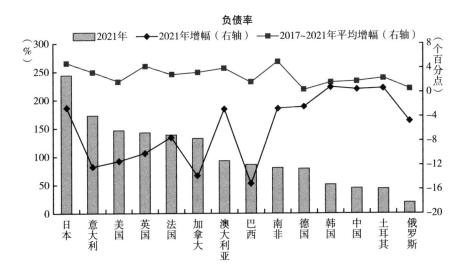

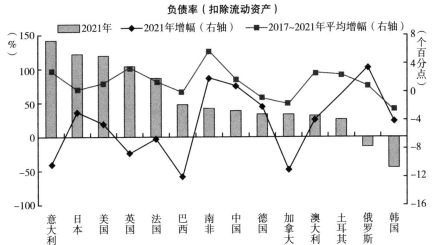

图 20　2021 年两种口径下各国负债率水平的国际比较

图 21 反映了 2016~2021 年在两种口径下的 7 国负债率水平。如图 21 所示，从 7 国负债率水平所处范围来看，以政府债务余额作为分子计算负债率，7 国的负债率水平维持在 10%~250%；以政府债务余额扣除流动资产作为分子计算负债率，7 国的负债率水平维持在 -50%~130%。此外，在两种口径下各国负债率水平的排位存在差别。以政府债务余额作为分子计算负债

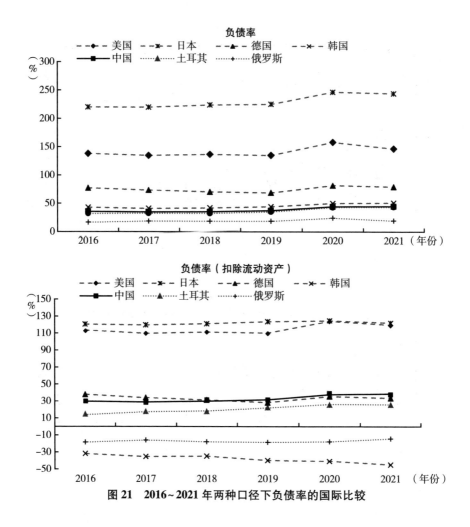

图21 2016~2021年两种口径下负债率的国际比较

率，发达国家的负债率水平均高于发展中国家。其中，中国的负债率水平与土耳其、韩国相当，保持在40%左右；以政府债务余额扣减流动资产作为分子计算负债率，日本和美国的负债率水平远高于其他国家，而俄罗斯和韩国的负债率水平为负值。在扣除流动资产后，在7国中中国负债率水平的排名位次有所上升。这表明，相较其他6国中国政府持有的流动性金融资产略少。

从7国负债率水平变化趋势来看，以政府债务余额作为分子计算负债率时，在 2016~2019 年各国负债率整体变化不大，趋势较为平稳；2020 年受新冠疫情冲击影响，各国的负债率水平涨幅明显；2021 年除韩国、土耳其和中国外，其他各国负债率均有所回落。

如图 22 所示，负债率和扣除流动资产的负债率均与人均 GDP 呈现正相关关系。这表明，人均 GDP 水平较高的国家，其负债率水平与扣除流动资产的负债率水平相对较高。

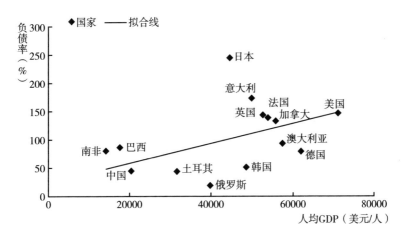

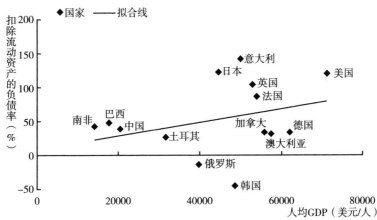

图 22 2021 年两种口径下负债率与人均 GDP 的散点图

2. 债务率

债务率的测算公式为政府债务余额/财政总收入×100%，考虑到流动资产具有较好的变现能力，本报告还测算了扣除流动资产后的债务率，其测算公式为（政府债务余额－金融资产）/财政总收入×100%。

如表14和图23所示，2021年各国债务率水平差距较大，整体而言，发达国家债务率水平高于发展中国家，其中处于前3国家为日本、美国和意大利，均是发达国家。处于后3的国家为中国、韩国和俄罗斯。其中，中国债务率水平为142.46%。在2021年各国债务率增幅中，中国和土耳其呈现正增长，其他发展中国家和所有发达国家均出现负增长。债务率增幅排名前3的国家是土耳其、中国和韩国，后3的国家是英国、美国和巴西。其中，中国债务率的增幅为2.38个百分点。在2017~2021年，债务率平均增长幅度最高的3个国家是土耳其、南非和巴西，分别为11.45个百分点、11.38个百分点、8.04个百分点。在2017~2021年，中国的平均增长幅度为6.24个百分点，在14国中处于中等水平。

在扣除流动资产后的债务率方面，2021年14国中仅有俄罗斯和韩国为负债务率，其余国家均为正债务率。其中，债务率水平居于前3位的国家为美国、日本和意大利，居于后3位的国家为德国、俄罗斯和韩国。中国扣除流动资产的债务率水平为123.07%，在14国中处于中等水平。但是，在发展中国家中中国扣除流动资产的债务率水平位居上游，仅低于巴西，高于土耳其、俄罗斯和南非。2021年各国扣除流动资产的债务率增幅差距较大，增幅位于前3位的是土耳其、俄罗斯和中国，位于后3位的是加拿大、英国和巴西。值得注意的是，仅土耳其、俄罗斯和中国扣除流动资产的债务率出现正增长，且这3国均为发展中国家，其中，中国增幅为3.43个百分点。其余各国扣除流动资产的债务率均出现负增长。在2017~2021年，扣除流动资产的债务率平均增长幅度最高的3个国家是南非、土耳其和澳大利亚，分别为14.92个百分点、9.98个百分点、6.10个百分点。在2017~2021年，中国的平均增长幅度为6.06个百分点，在14国中居于中等偏上水平。

表 14　2017~2021 年两种口径下债务率的国际比较

单位：%，个百分点

国家		债务率					2021年增幅	2017~2021年增幅平均值
		2017 年	2018 年	2019 年	2020 年	2021 年		
发达国家	澳大利亚	186.53	190.17	220.82	254.43	232.69	-21.75	7.14
	加拿大	272.94	263.98	272.51	344.33	314.03	-30.30	6.27
	法国	230.45	227.17	236.26	278.78	263.48	-15.30	5.91
	德国	161.02	151.60	147.58	176.83	167.15	-9.68	-0.55
	意大利	331.10	320.42	331.50	390.55	363.42	-27.13	5.69
	日本	629.27	631.11	636.88	672.99	645.06	-27.93	2.25
	韩国	123.87	122.56	127.01	141.12	135.85	-5.27	0.81
	英国	312.16	303.89	313.01	389.70	352.33	-37.37	7.16
	美国	403.56	431.88	427.57	488.55	440.58	-47.98	3.61
发展中国家	巴西	229.04	233.29	240.96	282.05	229.00	-53.04	8.04
	中国	107.06	105.02	111.99	140.08	142.46	2.38	6.24
	土耳其	103.52	101.48	113.30	137.40	155.31	17.91	11.45
	俄罗斯	51.77	47.90	47.50	66.50	60.85	-5.65	3.12
	南非	168.91	177.42	191.51	238.19	216.14	-22.04	11.38

国家		债务率（扣除流动资产）					2021年增幅	2017~2021年增幅平均值
		2017 年	2018 年	2019 年	2020 年	2021 年		
发达国家	澳大利亚	34.26	37.55	62.27	93.67	78.33	-15.34	6.10
	加拿大	82.76	74.94	75.53	104.10	78.74	-25.36	-4.60
	法国	144.90	146.32	150.28	178.08	164.67	-13.41	3.06
	德国	74.81	67.59	60.70	76.93	70.62	-6.31	-2.57
	意大利	269.30	259.19	269.69	321.60	298.78	-22.81	5.10
	日本	342.84	341.74	349.97	340.66	322.19	-18.47	-5.03
	韩国	-106.94	-101.63	-114.07	-115.06	-119.95	-4.89	-4.43
	英国	223.60	216.08	224.30	287.00	256.27	-30.72	5.87
	美国	328.94	351.61	349.09	383.70	359.15	-24.54	2.29
发展中国家	巴西	130.79	131.67	138.19	166.38	126.83	-39.55	2.07
	中国	88.88	89.09	94.74	119.64	123.07	3.43	6.06
	土耳其	55.67	57.80	71.23	84.01	92.27	8.26	9.98
	俄罗斯	-44.43	-46.36	-46.87	-48.48	-44.53	3.95	1.19
	南非	55.37	60.29	73.47	114.90	113.00	-1.90	14.92

注：由于墨西哥的政府债务余额数据缺失，因此表中未显示该国的债务率数据。

资料来源：IMF 数据库、OECD 数据库、《中央和地方预算执行情况及中央和地方预算草案的报告》、《中国统计年鉴》、《中国财政统计年鉴》。

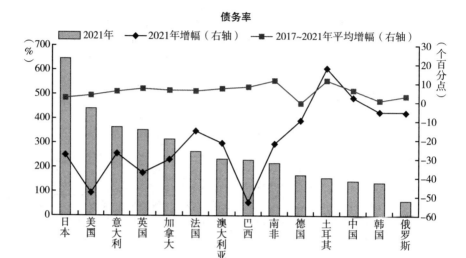

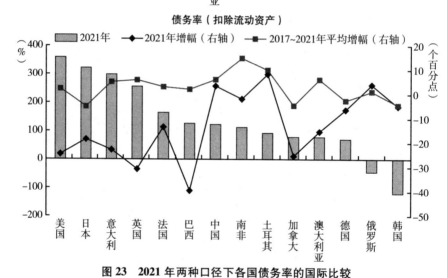

图23　2021年两种口径下各国债务率的国际比较

如图24所示，从7国债务率水平所处范围来看，以政府债务余额作为分子计算债务率，7国的债务率水平维持在0%~700%；以政府债务余额扣除流动资产作为分子计算债务率，7国的债务率水平维持在-150%~400%。此外，在两种计算口径下各国债务率水平的排位存在差别。以政府债务余额作为分子计算债务率，日本和美国的债务率水平远高于其他国家，中国的债务率水平较低；以政府债务余额扣减流动资产作为分子计算债务率，日本和美国的债务率水平远高于其他国家，而俄罗斯和韩国的债务率为负值。在扣除流动资产后，中国的债务率水平位居中游，高于韩国、俄罗斯和德国。这再次表明，中国政府持有的流动性金融资产略低于发达国家。

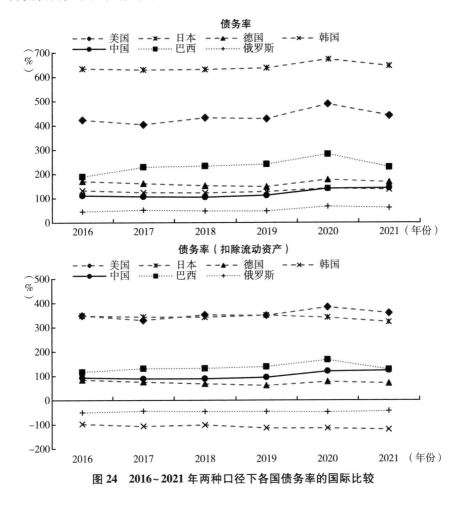

图24 2016~2021年两种口径下各国债务率的国际比较

从7国债务率水平变化趋势来看，以政府债务余额作为分子计算债务率，受新冠疫情冲击，2020年各国债务率水平均大幅升高。2021年，除了中国之外，其他国家债务率水平均有所回落。2016~2021年，日本、美国债务率水平较高并且呈现波动中略微上升的趋势，德国、韩国与中国的债务率呈先降后升趋势，巴西的债务率呈先升后降趋势，俄罗斯的债务率在平稳发展中略有升高。以政府债务余额扣除流动资产作为分子计算债务率,在 2016~2021 年,美国与中国的债务率水平明显提高,日本和韩国债务率水平呈现下降趋势,巴西呈现先升后降的趋势,德国和俄罗斯的趋势线相对比较平稳。

如图 25 所示,债务率和扣除流动资产的债务率均与人均 GDP 呈现正向相关关系,这意味着就这 14 个国家而言,人均 GDP 水平越高的国家即经济越发达的国家,债务率越高。值得注意的是,在两种不同口径下,位于拟合线上方的国家数量不同。在债务率口径下,有 7 个国家位于拟合线上方,但是在扣除流动资产的债务率的口径下,有 8 个国家位于拟合线上方,其中中国和法国移到拟合线上方,加拿大移到拟合线下方。

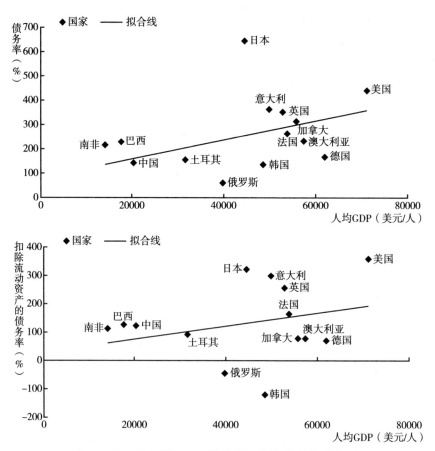

图 25 2021 年两种口径下债务率与人均 GDP 的散点图

3. 债务成本

债务成本旨在反映一国债务未来可持续性。中口径下债务成本的测算公式为政府利息支出/（财政总收入-社会保障基金收入）×100%，大口径下债务成本的测算公式为政府利息支出/财政总收入×100%。

如表 15 和图 26 所示，在中口径下，2021 年债务成本位居前 3 名的国家分别为巴西、土耳其和墨西哥，位居后 3 名的国家为中国、俄罗斯和德国。其中，中国的中口径债务成本为 3.42%。相较 2020 年，2021 年债务成本增幅位居前 3 的国家为英国、土耳其和巴西，位居后 3 名的国家为日本、加拿大和美国。在 2020~2021 年，中国中口径债务成本降低了 0.07 个百分点，增幅与他国相比处于中上游水平。在 2017~2021 年，中口径债务成本平均增幅排名前 3 的国家为土耳其、墨西哥和南非，排名后 3 的国家为德国、日本和巴西。在 2017~2021 年，中国中口径债务成本平均增长了 0.20 个百分点，与他国相比处于中上游水平。

表 15　2017~2021 年两种口径下债务成本的国际比较

单位：%，个百分点

国家		债务成本(中口径)					2021 年增幅	2017~2021 年增幅平均值
		2017 年	2018 年	2019 年	2020 年	2021 年		
发达国家	加拿大	7.90	8.02	8.17	7.91	7.21	-0.70	-0.22
	法国	5.50	5.29	4.48	3.99	4.25	0.25	-0.34
	德国	3.69	3.23	2.77	2.33	1.98	-0.35	-0.45
	意大利	11.88	11.63	10.60	10.88	10.80	-0.08	-0.29
	日本	8.17	7.72	7.49	7.08	6.40	-0.68	-0.48
	韩国	4.47	4.13	4.19	4.35	3.75	-0.60	-0.22
	英国	8.83	8.12	7.24	6.53	8.79	2.27	0.13
	美国	14.75	16.11	16.56	15.07	13.69	-1.38	-0.29
发展中国家	巴西	31.09	29.51	23.13	20.69	21.90	1.21	-2.22
	中国	2.65	2.83	3.03	3.49	3.42	-0.07	0.20
	土耳其	9.37	12.47	11.20	13.29	15.07	1.78	1.35
	墨西哥	13.38	14.28	13.40	14.04	14.84	0.80	0.71
	俄罗斯	3.18	2.83	2.88	3.02	2.71	-0.32	-0.14
	南非	11.05	11.25	11.79	13.66	13.21	-0.45	0.62

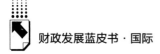
续表

国家		债务成本(大口径)					2021年增幅	2017~2021年增幅平均值
		2017年	2018年	2019年	2020年	2021年		
发达国家	澳大利亚	3.70	3.69	3.71	3.42	3.09	-0.33	-0.18
	加拿大	7.02	7.15	7.26	7.02	6.42	-0.60	-0.19
	法国	3.58	3.50	3.05	2.70	2.89	0.19	-0.19
	德国	2.33	2.04	1.75	1.43	1.25	-0.18	-0.29
	意大利	8.55	8.30	7.56	7.71	7.73	0.03	-0.22
	日本	5.17	4.86	4.67	4.44	4.08	-0.37	-0.30
	韩国	3.42	3.15	3.14	3.20	2.81	-0.39	-0.18
	英国	7.06	6.50	5.71	5.06	6.89	1.83	0.08
	美国	11.81	12.73	13.07	11.89	10.96	-0.93	-0.22
发展中国家	巴西	22.48	21.62	17.05	14.99	16.52	1.53	-1.55
	中国	2.24	2.33	2.48	2.95	2.77	-0.18	0.14
	土耳其	7.13	9.44	8.45	10.27	11.64	1.37	1.07
	墨西哥	12.41	13.17	12.36	12.90	13.63	0.73	0.64
	俄罗斯	2.56	2.30	2.36	2.42	2.24	-0.18	-0.08
	南非	10.89	11.07	11.59	13.46	13.02	-0.44	0.61

注:由于澳大利亚的社会保障基金收入数据缺失,因此无法测算其中口径债务成本。

资料来源:IMF 数据库、OECD 数据库、《中央和地方预算执行情况及中央和地方预算草案的报告》、《中国统计年鉴》。

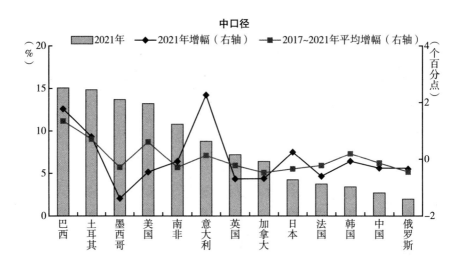

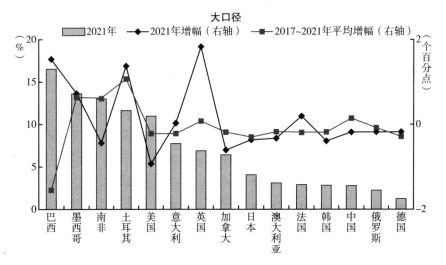

图26　2021年两种口径下各国债务成本的国际比较

在大口径下，2021年大口径债务成本位居前3的国家分别为巴西、墨西哥和南非，位居后3的国家为中国、俄罗斯和德国。其中，中国大口径债务成本为2.77%。就增幅而言，2021年债务成本增幅位居前3的国家为英国、巴西和土耳其，位居后3的国家为南非、加拿大和美国。在2020~2021年，中国大口径债务成本降低了0.18个百分点，与他国相比处于中下游水平。在2017~2021年，大口径债务成本平均增幅排名前3的国家为土耳其、墨西哥和南非，排名后3的国家为德国、日本和巴西。在2017~2021年，中国债务成本平均增长了0.14个百分点，与他国相比处于上游水平。

需要注意的是，中国负债率、债务率和债务成本在国际比较时水平较低的原因之一是，国际数据库中的中国国家债务数据尚未包括地方政府融资平台债务，而这部分地方政府隐性债务是当前中国政府债务风险的主要来源。

如图27所示，从7国债务成本所处范围来看，在中口径下，7国的债务成本维持在0%~35%；在大口径下，7国的债务成本维持在0%~25%。此外，在两种计算口径下中国的债务成本在7国之中均处于较低水平。从7国债务成本的变化趋势来看，在中口径下，在2016~2021年，德国、日本

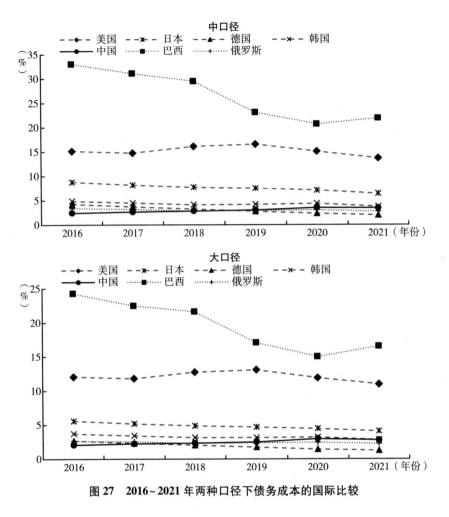

图27 2016~2021年两种口径下债务成本的国际比较

与韩国的债务成本呈现下降趋势，而美国债务成本发生波动。在2016~2020年，巴西债务成本保持下降趋势，并在2021年大幅上升。与之相反，在2016~2020年，中国债务成本保持上升趋势，并在2021年有所下降。在2016~2020年，俄罗斯债务成本呈现先下降后上升趋势，并在2021年有所下降。在大口径下，德国、日本、美国、巴西、中国与俄罗斯的债务成本变动趋势与中口径债务成本变动趋势相同。在2016~2020年，韩国的大口径债务成本呈现先下降后上升趋势，并在2021年出现大幅下降。

如图 28 所示，在中口径和大口径下，债务成本与人均 GDP 均呈现负向相关的关系，表明人均 GDP 越高的国家即经济越发达的国家，政府债务的利息成本越低。

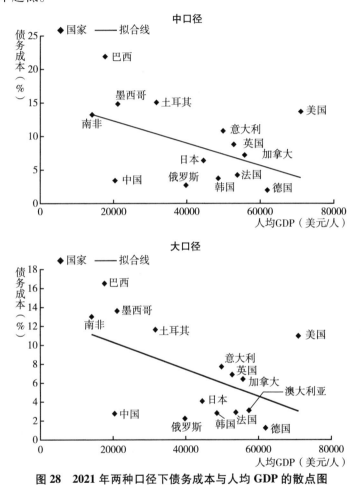

图 28　2021 年两种口径下债务成本与人均 GDP 的散点图

三　小结

本报告基于财政发展独立性指数的指标体系，从财政运营和财政稳定两个方面分别构造多个具有代表性的独立性指标，对世界主要的 15 个国家开展比较研究。通过独立性指数国别比较，归纳出如下主要结论。

（1）中国小口径宏观税负水平较低，并且呈现逐年降低的趋势，而中口径和大口径宏观税负水平呈现先上升后下降趋势。这表明随着中国政府减税降费政策的深入推进，不仅只纳入税收收入的狭义宏观税负在持续下降，即使考虑非税收入以及另外三本预算收入，中国广义宏观税负也在下降。

（2）中国财政恩格尔系数与其他11个国家相比处于最低水平。财政刚性支出占财政总支出的比重较低，表明相较其他国家，我国财政部门根据经济社会形势变化审时度势地调整财政支出方向的空间较大。

（3）中国民生支出密度水平在被比较的12个国家中处于较低水平，但在2017~2021年中国民生支出密度增长速度位居前列。这表明中国政府已经充分意识到在民生公共服务维度的不足，并积极为全体人民提供高质量的教育、医疗、社保、住房等民生性公共服务。

（4）在财政赤字水平方面，2021年中国中期财政赤字即近3年（2019~2021年）财政赤字率水平、扣除利息支出后的基本财政赤字水平、剔除经济周期性影响的结构性财政赤字水平均位居前列，而且中期财政赤字水平和结构性财政赤字水平均呈现上升趋势，说明在新冠疫情的影响下，中国财政收入减少导致财政赤字风险不容忽视。需要说明的是，在独立性指数中财政赤字水平的测算依然参照基于国际可比口径的财政收支数据①，而非采用在中国财政预决算报告中的官方狭义口径②。

（5）中国财政自给率水平相较其他国家较低。无论在中口径还是大口径下，中国的财政自给率水平排位均靠后，说明我国财政自给率在国际上处于偏低水平，对财政稳定性将产生一定程度的不利影响，中国财政部门应该

---

① 国际可比口径的财政赤字是指一般公共预算、政府性基金预算、国有资本经营预算、社会保障基金预算四本预算全口径财政支出与收入的差值。

② 根据2021年财政决算报告，用于测算赤字的官方财政收入总量口径为"一般公共预算收入+中央和地方财政从预算稳定调节基金、政府性基金预算、国有资本经营预算调入资金+地方财政使用结转结余资金"，财政支出总量口径为"一般公共预算支出+补充中央预算稳定调节基金"。可见政府性基金预算、国有资本经营预算、社会保障基金预算的收支缺口数据未纳入财政赤字的官方口径。

尽快采取措施（例如加强税收征管），尽快提高我国财政自给率。

（6）在政府债务水平方面，2020 年受新冠疫情影响，各个国家负债率和债务率快速攀升，不过到 2021 年，除中国以外的其他国家负债率和债务率均有所回落。中国的负债率和债务率均位于国际较低水平，不过二者 2016~2021 年呈现不断升高的趋势，政府部门需要对逐渐增长的债务规模重视起来。中国债务成本虽然也位于国际较低水平，但近年来也呈现稳步上涨趋势。在扣除流动性金融资产后，中国政府负债率和债务率在 14 国中位居中游。这表明，相比发达国家中国政府在危机发生时能够用于清偿债务的金融资产较少。因此，需要采取严谨的监管视角，对潜在流动性风险进行深入研判与持续监控，以保障金融市场体系的稳健运行。

参考文献

裴育：《地方政府债务风险预警模型与相关检验——基于冠新区政府债务风险的分析》，《中国财政学会 2010 年年会暨第十八次全国财政理论讨论会交流材料汇编（一）》，2010。

全国社会保障基金理事会：《全国社会保障基金理事会社保基金年度报告（2021 年度）》，2022 年 8 月 18 日，https：//www. ssf. gov. cn/portal/xxgk/fdzdgknr/cwbg/sbjjndbg/webinfo/2022/08/1662381965418407. htm。

中国人民银行调查统计司：《2021 年统计数据》，2022 年 3 月，http：//www. pbc. gov. cn/diaochatongjisi/116219/116319/4184109/index. html。

IMF, " General government statistics ", Available at https：//data. imf. org/? sk = a0867067-d23c-4ebc-ad23-d3b015045405&sid = 1544448210372.

Medina, L. , "Assessing fiscal risks in Bangladesh", IMF Working Papers, 2015.

OECD, "OECD statistics", Available at https：//data-explorer. oecd. org/.

The United Nations Trade and Development Data Hub, "Foreign direct investment：Inward and outward flows and stock, annual ", Available at https：//unctadstat. unctad. org/datacentre/dataviewer/US. FdiFlowsStock.

United Nations Development Programme, " Human development report ", Available at https：//hdr. undp. org/content/human-development-report-2021-22.

World Bank, "Doing business", Available at https：//chinese. doingbusiness. org/.

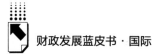
World Bank, "Education statistics – all indicators", Available at https：//databank. worldbank. org/source/education-statistics-%5e-all-indicators/preview/ on#.

World Bank, "The worldwide governance indicators", Available at http：//info. worldbank. org/ governance/wgi/.

World Bank, "World development indicators", Available at https：//datacatalog worldbank. org/dataset/world-development-indicators.

专题篇 ⌷⌷

B.4

应对经济数字化的国际税收改革发展报告

何 杨 陈依珑*

摘 要： 在世界变局加速演进的背景下，以"双支柱"方案为核心的国际税收改革不断推进，如何在这一变革浪潮中准确识变、科学应变，对于正处在加快构建新发展格局时期的我国具有重要的现实意义。本报告梳理了"双支柱"规则的主要内容和最新进展，总结了"双支柱"主要参与国家的动向及其趋势，并从税收和投资两方面出发，对评估"双支柱"国家层面影响的测算结果进行全面评述。同时，本报告补充介绍了联合国提出的国际税改方案。基于上述分析，本报告提出我国应对国际税收改革的基本方向：数字经济时代，我国应积极参与国际税收规则重塑，构建具有竞争力的国内税制，推动建立更加公平透明的国际税收治理体系。

关键词： 国际税收 经济数字化 "双支柱"

---

* 何杨，经济学博士，教授，博士生导师，中央财经大学学术期刊社社长，主要研究方向为地方财政、国际税收与全球治理；陈依珑，中央财经大学硕士研究生，主要研究方向为国际税收与全球治理。

经济数字化带来了商业模式和投资方式的变化，也挑战着百年前形成的国际直接税规则。经济合作与发展组织（OECD）在二十国集团（G20）领导人的背书下，推出以跨国企业剩余利润分配（即"支柱一"）和建立全球最低企业所得税（以下简称全球最低税，即"支柱二"）为核心的国际直接税制"双支柱"改革方案，于2021年10月经137个OECD/G20 BEPS包容性框架成员批准，逐步进入落地实施阶段。2023年12月，联合国大会通过了《在联合国促进包容和有效的国际税务合作》决议，以支持制定国际税务合作框架公约。国际直接税改革涉及跨国所得在各国的分配，影响国际投资和贸易。按照习近平总书记"加强全球税收合作，打击国际逃避税"的指示精神，我国积极参与国际税制改革的全过程，提出了许多建设性的意见，展现了中国大国形象。参与国际直接税改革，对于我们积极应对百年未有之大变局，准确识变、科学应变，在参与数字经济国际合作、推动全球税收治理变革中争取主动，加快构建新发展格局，具有十分重要的现实意义。

一 "双支柱"规则主要进展

（一）"支柱一"规则的主要内容和发展

在价值创造地课税是国际税收的基本原则，多年来，国际税收协调与合作一直是通过两个国家之间签署双边税收协定完成的。随着数字技术的发展，价值创造地和利润课税地之间不再完全重合，数字经济企业无须在市场国建立常设机构就能与当地产生经济联系并获取利润。跨国公司利用税法漏洞进行了大量税收筹划，致使市场国没有获得相应的征税权。OECD/G20提出"支柱一"，其主要目的为重新分配征税权，主要包括金额A、金额B以及税收确定性的争议预防和解决机制三部分。

"支柱一"的主体规则——金额A规则拟改变现行跨境所得征税规则，向市场辖区分配更多超大型跨国企业集团（约半数是美国企业集团）部分剩余利润（即金额A）的征税权。入围集团相关争议可以适用类似仲裁的强制性争议预防和解决机制。此外，各国应承诺撤销数字服务税或类似单边措施。该规则涉及多个辖区税权分配，实施过程中易产生多边税收争议，需要高度协调，因此将通过缔结多边公约来实施。经过两年的磋商，除个别国家在少数技术参数上还有分歧外，各国对金额 A 规则的设计已基本达成共识。2023 年 10 月，OECD 对外发布了《实施支柱一金额 A 的多边公约》（以下简称"多边公约"）文本草案。

"支柱一"金额 A 多边公约由 7 个章节、53 个条款和 9 个附件组成，对金额 A 的适用范围、利润分配及征税、消除双重征税、税收确定性框架、取消数字服务税等做了具体的定义和规范。第一章限定多边公约的适用范围。第二章定义关键术语。第三章和第四章分别规定利润重新分配的计算和征税方法以及双重征税的消除机制。第五章涵盖征管协调、争议预防与解决。第六章讨论单边措施，如数字服务税的处理。最终章节详述公约的签署、生效、实施、退出和终止，还规定了缔约方大会职能。

"支柱一"金额 A 多边公约适用于年营业收入 200 亿欧元以上且税前利润率 10%以上的大型跨国企业集团。受监管的金融服务和采掘业务，国防集团和某辖区独立经营集团均有排除机制。集团的收入和利润门槛基于合并财务报表调整后计算。初次入围或两年内未入围的集团，还需满足以下条件：一是当期的前 4 个连续会计年度中，至少有 2 个年度的税前利润率超过10%；二是包括当期在内的（前）5 个连续会计年度的税前利润率的加权平均值需超过 10%。如果集团利润率低于 10%，但集团合并财务报表所披露的分部中，有的分部自身收入和利润率达到门槛，该分部将独立适用金额 A规则。

金额 A 规则将入围集团的收入视为来源于最终市场辖区。不同类型收入有特定的来源地判定指标，只有当入围集团当期来源于某一市场辖区的收入达到联结度门槛时，该市场才有资格分进该集团的金额 A。这一门槛值通常为 100 万欧元。但为照顾低收入辖区，如辖区生产总值低于 400 亿欧元，则上述联结度门槛将降至 25 万欧元。

对于入围的跨国企业集团，其利润中的常规利润（集团利润率在 10%

以内的部分）不参与重新分配，而超出常规利润的部分称为剩余利润。剩余利润的 25% 即金额 A，将分配给那些收入达到联结度门槛的市场辖区。这一分配基于每个市场辖区的收入在集团总收入中的比例进行。为了避免在传统企业所得税规则和金额 A 规则下对同一部分利润进行双重分配，会通过营销分销利润安全港（MDSH）机制进行调整。MDSH 根据市场辖区已获得的剩余利润量（包括预提税形式的利润）来减少可分配的金额 A。

其计算过程相当于划分税收的比例系数，具体如下所示：

金额 A＝剩余利润率×25%×（集团在该市场辖区收入/集团全球总收入）

金额 A 规则通过全球范围内的利润重新分配机制，旨在消除因重新分配造成的双重征税。已由现行企业所得税规则分配并在各国缴纳所得税的全部利润，需要在市场辖区新增的征税权和其他辖区的减税义务间进行协调。确切的方法是，根据集团实体在每个辖区内的总收入，结合当地的资产和员工工资情况，计算出该辖区的利润率，然后根据不同辖区利润率的高低，逐层分配抵免义务，通常是利润率高的辖区承担更多分配的金额 A。

（二）"支柱二"规则的主要内容及发展

"支柱二"包含收入纳入规则（IIR）、征税不足支付规则（UTPR）和应予征税规则（STTR），其中 IIR 和 UTPR 合称为全球反税基侵蚀规则或全球最低税规则（GloBE），目前已经发布了 GloBE 的规则范本、征管指南、注释及案例等。此外，在范本中还提出合格境内最低补足税（QDMTT）的建议，即一个辖区可以对跨国集团开征合格境内最低补足税，该税的计算基础与全球最低税规则相同。开征合格境内最低补足税后，该辖区的有效税率将被视为商定的 15% 的最低税率，合格境内最低补足税可以避免全球最低税规则的实施吸收国内产生的低税所得。

根据规则范本，GloBE 规则适用于最终母公司合并财务报表在过去 4 个财年中至少 2 个财年的合并收入达到 7.5 亿欧元的跨国企业集团的成员实体。IIR 规则提出，若跨国公司在其经营的税收辖区计算的实际有效税率低于15%，则由最终母公司所在税收辖区和中间母公司所在税收辖区采用自上而下的方法补征税款至15%的水平。UTPR 是 IIR 的后备征税方式，该规则提出，若最终母公司所在的低税辖区尚未引入 IIR 机制，则该部分补足税由集团内其他实施 UTPR 的辖区补征。STTR 规则基于双边税收协定实施，针对利息、特许权使用费以及其他特定的支付费用，当该笔费用收款方所在国的名义税率低于9%时，付款方所在国可不适用已有的税收协定税率，通过补征税款，确保该项费用支付的有效税率不低于9%。上述三个规则实施次序为：集团在计算辖区有效税额时首先确定 STTR 规则的纳税义务，将STTR 下缴纳的税额计入有效税额当中，再基于实际有效税率的测算结果确定是否产生补足税义务，若需要缴纳补足税，则需要根据 IIR 规则和 UTPR规则确定应缴纳补足税的实体和相应的辖区。

为了便于政策的稳妥实施，全球最低税规则还为跨国企业集团进入适用范围的最初几年设置了过渡期政策，主要包括过渡期内基于经济实质所得排除比例逐年下降、过渡期内初始国际化企业不适用低税支付规则、过渡期申报义务期限延长等。

二　主要国家的动向及其趋势总结

目前，暂未有辖区对"支柱一"方案进行明确表态；相较而言，"支柱二"全球最低税已从制度设计转入立法实施阶段，截至2024年上半年，大约55个税收辖区正式宣布将实施全球最低税规则，占包容性框架成员数量（143个）的1/3以上。其中，大部分欧盟成员国、日本和韩国等33个辖区已正式通过立法或接近完成全球最低税的国内立法。各国也积极采取措施应对全球最低税的实施，发达国家主要倾向于转变现行税收优惠方式，尽可能利用好 GloBE 规则中适用宽松处理的税收优惠政策形式，如可退还税收抵免、加速折旧等；发展中国家则倾向于采取政府补贴或提供其他税种优惠政策的方式，来减轻现行所得税优惠政策可能受到的影响。

目前明确宣布实施全球最低税规则的国家（地区）主要集中在欧洲和

亚太地区，少数分布在美洲、非洲和中东地区。这些国家的实施进展大致可分为发布实施计划、书面承诺实施、非书面承诺实施三种进度。其中，已通过法律文件的共有 3 个税收辖区，即欧盟（2022 年 12 月通过）、韩国（2022 年 12 月通过）、日本（2023 年 3 月通过）；已提交法律草案的辖区包含德国、爱尔兰、荷兰、瑞典、列支敦士登、瑞士、英国；已发布正式声明的辖区包含中国香港、新加坡、澳大利亚、法国、印度尼西亚、马来西亚等。

从实施内容上来看，30 个公开拟实施具体内容的辖区中，18 个辖区计划引入全部规则，即收入纳入规则、低税支付规则和合格境内最低补足税规则，包括中国香港、日本、新加坡、德国、加拿大等；8 个辖区计划只实施收入纳入规则、低税支付规则，如新西兰、韩国、法国、意大利等；3 个辖区计划实施收入纳入规则和合格境内最低补足税规则，分别为印度尼西亚、根西岛、泽西岛、马恩岛；仅有 1 个辖区（毛里求斯）计划只实施合格境内最低 6 补足税规则。

从实施时间上来看，绝大多数辖区计划于 2024 年实施收入纳入规则，于 2025 年实施低税支付规则，但是都可能调整或延迟。还有一些辖区出台了和全球最低税相关的国内所得税改革方案：塞浦路斯将国内所得税税率从 12.5% 提高到 15%；阿拉伯联合酋长国新开征 9% 的企业所得税，并表示将适时将全球最低税规则纳入国内税法；哥伦比亚、西班牙、美国国内法案或预算案中引入了本国的最低税规则，但并非全球最低税规则范本所认可的合格境内最低补足税。

欧洲各辖区一直是全球最低税制度的积极倡导者和推动者。2022 年 12 月，欧盟理事会一致通过了《确保对欧盟内的跨国企业集团和大型国内集团实施全球最低税规则的指令》。欧盟成员辖区在收入纳入规则和低税支付规则上的实施动态较为一致，大都处于立法准备期和立法过程中。荷兰、西班牙、瑞典等辖区已经完成了实施全球最低税制度的公众咨询，德国、瑞典、荷兰、爱尔兰、捷克等 5 个辖区已经出台了立法草案，且均准备在 2024 年后开始实施合格境内最低补足税规则。非欧盟成员辖区中，英国、瑞士、挪威、列支敦士登均计划 2024 年实施收入纳入规则和合格境内最低补足税规则，并于 2025 年实施低税支付规则。

美国拜登政府上台后积极支持全球最低税制度，但共和党持反对态度，目前还未实施全球最低税规则。2022 年 2 月 16 日，美国参议院财政委员会 14 名共和党议员向财政部长耶伦表达了对全球最低税制度的担心，认为如果实施全球最低税制度，一些美国公司的竞争力会下降。2022 年 8 月，拜登总统签署了《通胀削减法案》，引入了替代性最低公司税，对企业账面利润实行 15% 最低税率标准，但各国基本不认可该税作为合格境内最低补足税。

东盟国家中，印度尼西亚计划于 2024 年 1 月 1 日起实施全球最低税。马来西亚于 2022 年 8 月发布公众咨询文件，计划引入国内最低补足税，且该政策文本与全球最低税规则范本保持一致。新加坡对全球最低税制度的实施正处于公众咨询阶段，目前尚未开始转化立法。2023 年 3 月，泰国内阁原则上批准了支持实施全球最低税的措施，并指定相关政府机构执行泰国投资委员会提议的措施。

中国的其他主要贸易伙伴中，日本、韩国等辖区紧跟全球最低税改革步伐。2022 年 12 月，韩国国民大会通过了包含全球最低税的税收法案，计划于 2024 年 1 月 1 日或之后开始的财年实施。在目前公开宣布实施全球最低税规则的辖区中，韩国是唯一一个计划于 2024 年就实施低税支付规则的辖区，但也有推迟实施的可能性。日本于 2022 年 12 月正式宣布实施全球最低税制度，计划将收入纳入规则适用于 2024 年 4 月 1 日或之后开始的财政年度。中国香港在 2022~2023 年度财政预算案中提出，计划于 2022 年下半年提交关于全球最低税的立法建议，并考虑自 2024~2025 课税年度起向落入范围的大型跨国企业集团征收合格境内最低补足税。

以"金砖五国"为代表的新兴市场国家中，南非已经于 2023 年的立法工作中提交了有关实施全球最低税的立场文件，并准备将立法草案纳入 2024 年税法修正法案。OECD 曾建议巴西根据全球最低税规则进行国内税法改革，但巴西政府并未对此建议进行直接回应，目前巴西国内税法改革的重点仍在增值税上，全球最低税规则并非巴西税法改革重点。印度为企业提供了大量的税收优惠政策，例如新兴制造业可享受17%的优惠税率，特许权使用费可享受10%的优惠税率，印度实务界在探讨如何通过基于实质的所得排除减少全球最低税规则的影响。俄罗斯官方尚未对全球最低税规则做出明确表态。

共建"一带一路"国家和地区税制差异较大，对全球最低税规则的反应不一。西亚辖区中，卡塔尔和巴林明确表示将实施全球最低税规则，阿联酋在针对联邦税法的答疑中表示将适时纳入全球最低税规则；此外也门、阿联酋、以色列、科威特等4国完成了公众咨询。中亚各辖区暂未对全球最低税制度做出明确表态。对于资源型发展中国家，一方面，这些国家企业所得税税率相对较高，另一方面，这些国家也不依赖税收激励来吸引外资，故这些国家希望全球最低税率设定得高一些，以防止利润转移和税基侵蚀。阿曼对采掘业的所得税进行为期5年的豁免，但因符合基于实质的收入排除，可能受到全球最低税规则的影响较小。卡塔尔承诺以符合"超额利润"的方式对位于卡塔尔的企业实体征收不低于15%的税款，以符合全球最低税要求。毛里求斯作为低税地，在《2022—2023年财政法案》中对合格境内最低补足税做出解释，成为首个通过国内立法明确引入合格境内最低补足税的低税辖区。

三 "双支柱"的影响分析

（一）对国家层面税收的影响评估

OECD对"双支柱"方案带来的税收和投资影响进行了事前评估，[①] 并于2023年1月对最新方案给全球企业所得税带来的影响进行了测算，测算结果见表1。从表1可知，"双支柱"方案的实施会使全球企业所得税收入

---

① 参见OECD官网："Tax Challenges Arising from Digitalisation-Economic Impact Assessment"，2020，https://files.taxfoundation.org/。

提高 1870 亿~2860 亿美元，且增收主要来自"支柱二"。具体而言，在"支柱一"下，2021 年超过 2000 亿美元利润会被重新分配给市场辖区，2017~2021 年全球每年平均 1320 亿美元利润将被重新分配。具体到税收收入层面，"支柱一"预计每年为全球带来 120 亿~250 亿美元的税收收入。"支柱一"若在 2021 年实施能带来 130 亿~360 亿美元的额外税收收入。由于并不是所有市场管辖区的税率都高于目前利润所在地的税率，因此总体税收收入增长幅度相对较小，且中低收入经济体相较高收入经济体获益更多。"支柱二"方面，OECD 根据立法模板 15% 的最低税率测算估计，每年将产生额外的全球税收收入约 2200 亿美元，占据全球企业所得税收入的 9%。远高于 OECD2020 年测算的每年产生额外全球税收收入约 1500 亿美元。2024 年 1 月 9 日，OECD 发布了《全球最低税及跨国公司利润征税》的研究报告，预测全球最低税开征将使全球的企业所得税收入每年新增达到 1920 亿美元。总体而言，"双支柱"方案会为全球带来额外 7.5%~13% 企业所得税收入。

表 1　2023 年 OECD 测算结果

单位：%，亿美元

增收来源	占全球企业所得税收入的百分比	金额
"支柱一"	0.5~1	120~250
"支柱二"	7~12	1750~2610
"支柱一"和"支柱二"	7.5~13	1870~2860

注：本表中的估计数据基于以下前提：使用 2017~2018 年的国别报告数据与 Orbis 数据；"支柱一"的影响仅限于金额 A，全球收入门槛为 200 亿欧元，盈利门槛百分比为 10%，重新分配比为 25%；"支柱二"的最低税率为 15%，SBIE 为有形资产账面价值和合格员工成本总和的 5%。

资料来源：OECD，"Economic impact assessment of the Two-Pillar Solution"，https：//www.oecd.org/tax/beps/webinar-economic-impact-assessment-two-pillar-solution.htm.

此外，欧盟税务观察 2021 年基于 OECD 发布的 2017 年国别报告数据分析了"支柱二"对各国家收入的影响，研究发现欧盟成员国每年可以额外增加超过 800 亿欧元的企业所得税收入，美国获得的额外税收收入约为 570 亿欧元，发展中国家获得的税收收入增长相对较小（中国约为 60 亿欧元）。

国际货币基金组织 2023 年发布的报告认为"双支柱"能为全球带来约 6% 的企业所得税收入。[①]"支柱一"估计能带来 120 亿美元全球企业所得税收入，重新分配了跨国企业利润总额的 2%，主要从低税投资中心分配到其他国家。"支柱二"将使全球企业所得税收入提高 5.7%。如果合格境内最低补足税被广泛采用，额外的收入将主要由低税实体的来源地辖区征收。

（二）对国家层面投资的影响

2020 年 OECD 发布了《数字化带来的税收挑战——经济影响评估》（*Tax Challenges Arising from Digitalisation-Economic Impact Assessment*，简称 EIA），承认"双支柱"对投资具有潜在影响，并在"支柱一和支柱二对投资的影响"章节中对此进行了详细阐述。EIA 认为，BEPS 措施对投资的总体影响很小，"支柱一"基本是投资中性的，"支柱二"相关性更强，几乎产生了所有的影响。事实上，该研究结论建立在两个建模基本假设下。一是重点关注在跨国公司集团最终母公司所在国（"国内"）进行的投资，而不是在跨国公司有业务的任何外国地点进行的投资。这种方法优先考虑集团层面（"双支柱"对跨国公司集团的投资影响是什么?），而不是项目或 FDI 层面（"双支柱"对跨国公司的外国投资，即对 FDI 的影响是什么?）。二是就投资影响评估而言，假设"支柱二"不会改变跨国公司的利润转移行为。在所有其他情况相同的情况下，这意味着跨国公司集团因"支柱二"导致的利润转移预期减少而增加的成本未纳入投资影响评估。这两种假设产生的投资影响比其他假设小。

在此基础上，2022 年 6 月联合国贸易和发展会议（UNCTAD）发布的《2022 年世界投资报告——国际税收改革和可持续投资》（*World Investment Report 2022-International Tax Reforms and Sustainable Investment*）中的"第三章 全球最低税对 FDI 的影响"进一步阐述了全球最低税对 FDI 的影响。报

[①] 参见 IMF 官网："International Corporate Tax Reform"，https：//www.imf.org/en/Publications/Policy-Papers/Issues/2023/02/06/International-Corporate-Tax-Reform-529240.

告认为，由于"支柱二"引入了全球最低税，这可能影响投资者的地点选择。考虑利润转移等因素，"支柱二"可能对 FDI 流入国产生深远的影响，特别是对那些通过财政措施竞相吸引 FDI 流入的国家。

事实上，已有大量研究表明，作为一种吸引 FDI 的主要政策手段，无论是东道国还是居民国的税收政策都会对 FDI 的区位选择和投资模式产生影响。部分学者还通过计量分析方法，利用 FDI 的税收半弹性等指标展开研究，以期更为精准地捕捉 FDI 对税率变化的敏感度，参见表 2。

表 2　关于税率与 FDI 关系的研究

学者	研究观点
Christian Bellak & Markus Leibrecht(2011)	依据中东欧国家 1995~2003 年的数据,发现 FDI 相对于税收的半弹性约为-4.3,这意味着,其他国家有效税率每降低 1 个百分点,FDI 净流出量就会增加约 4.30%,中东欧国家政府的减税策略似乎对外资企业的区位决策有重要影响
Joeri Gorter & Ashok Parikh(2003)	估计显示,如果一个欧盟成员国的有效企业所得税税率相对于欧洲平均水平降低 1 个百分点,那么来自其他欧盟成员国的投资者在该欧盟成员国的外国直接投资头寸将增加约 4%
Peter Schwarz(2011)	研究发现,对于美国跨国公司,东道国税率的降低与外国直接投资存量的增加相对应。估计的弹性表明,东道国税率每降低 1%,FDI 总额就会增加 0.3%~1.8%,具体增幅取决于具体的税负指标
Ruud A. de Mooij & Sjef Ederveen(2003)	依据 1984~2001 年的 25 篇计量研究文献,比较了 25 个实证研究的结果,通过统一定义下的税率弹性计算,文献中税率弹性的中位数约为-3.3(即东道国税率每降低 1 个百分点,FDI 就会增加 3.3%)
Lars P. Feld & Jost H. Heckemeyer(2011)	在 Ruud A. de Mooij 和 Sjef Ederveen(2003)研究的基础上,增加了 16 篇近期发表的文章,发现 FDI 的税收半弹性中位数绝对值为 2.49,半弹性全样本的绝对加权平均值为 2.55

由上述学者的研究可知，一般而言，东道国企业所得税税率及其变动均会对 FDI 产生显著的影响，但关于其影响程度尚未达成统一。目前，大部分关于 FDI 与税收之间相关性的实证研究采用了高度加总的数据，这可能导致一些其他的重要变量被忽略。因此，不能把 FDI 的变化简单地归结于税收因素。此外，不同研究所采用的国别、时期、变量设定、数据类型、估计方法

等均有所差异，从而导致实证分析的结论较为模糊，且具有较大差异。

UNCTAD 在《2022 年世界投资报告》中对全球 FDI 层面的有效税率进行了界定和测算，分别从投资规模和利润转移两个渠道分析了 FDI 如何受到东道国有效税率变动的影响。结果表明，"支柱二"将导致跨国企业在 FDI 层面的有效税率提高 2.4 个百分点。UNCTAD 投资和企业司司长、《世界投资报告》主编詹晓宁认为，短期来看，全球最低税率上升将对中国企业"走出去"规模产生抑制效应。在本轮税改之前，发达经济体的跨国企业已经吸收了数年的低税投资福利，这些企业在面对此轮税改后更为严格的国际税收环境时，抗风险的能力将更为突出。相比之下，中国企业对外投资的成本将会相对升高，但总体来看，负面影响的程度尚不确定。首先，中国对亚洲的投资存量在 2021 年底达到中国当年对外投资存量的 63.6%，而亚洲的税率增加幅度 1.5% 为世界各洲最低，因此"支柱二"对亚洲整体税率的影响程度较小。其次，作为 55.7% 内地企业 FDI 选址的中国香港，其企业所得税名义税率为 16.5%，并未低于 15% 的全球最低税税率水平，因此，中国香港本土企业理论上来说不会受到本轮税改的冲击。然而，如果考虑中国香港基于属地原则征税吸引的大量离岸投资，企业实际有效税率可能低于15%，从这个方面来说，本次税改仍可能对中国内地企业对外投资产生冲击。

长期来看，全球最低税改革有效遏制了有害税收竞争以及"避税天堂"，倒逼全球各国将其税率维持在一个较为合理的水平，进而倒逼各经济体侧重于通过非税工具促进外商投资。已有研究发现，在吸引 FDI 时，东道国的税收负担可能仅具有"边缘性"作用，而税收透明度和税收便利性则具有更积极的正面影响，即投资者对东道国的政治清廉度、法治水平及效率更加关注，而并不特别关注其税率。现有的实证研究虽然尚未就东道国企业所得税税率变化对 FDI 的影响程度达成一致，但仍得出了基本结论，即税收政策相较于政治稳定性、劳动力成本、基础设施水平等，对 FDI 区位选择的影响较为有限。EIA 提出，税率提升导致的投资量减少可能被其他难以量化但十分重要的渠道的正向影响抵消，例如税收确定性的增加。

四 联合国国际税收改革方案

为应对经济数字化带来的税制问题，联合国于 2021 年修订了《UN 范本》，主要修订内容为在新的范本中增加了自动化数字服务（ADS）的内容。与 G20 和 OECD 采用多边合作方法大刀阔斧地改革不同，联合国针对数字税收挑战选择了在原有双边税收协定范本的基础上微调，没有摒弃基于物理存在的常设机构征税原则。

在自动化数字服务领域，《UN 范本》赋予了税收来源国预提所得税的征税权，来源国可以就本国税收居民支付给另一缔约国的款项征收预提所得税，具体征税比例的上限由缔约两国根据协商设定。此外，还允许纳税人按照合格利润法缴纳税额。

（一）给予税收来源国预提所得税的征税权

新增条款赋予了来源国 ADS 所得的预提税征税权，对于该笔预提税的税率，来源国可以按照不超过双边税收协定中规定的比例进行征税。第 12B 条款对 ADS 的定义为："通过互联网或其他电子网络提供、需要服务提供方最低限度人为参与的任何服务。"同时，12B 条款以正列举（正面清单）的方式，对 ADS 的具体经营范围进行了列举，包含：提供用户数据、在线搜索引擎、在线广告服务、在线中介平台服务、社交媒体平台、在线游戏、数字内容服务、云计算服务和标准化在线教育服务。

（二）允许纳税人选择合格利润法

在赋予来源国额外的征税权的同时，第 12B 条款还对纳税主体自主选择计税方式留有余地。根据第 12B 条款第 3 段规定，倘若 ADS 所得产生于甲国，该所得的受益所有人为乙国税收居民，则受益所有人可以要求甲国采用合格利润法来对其征税。这种情况下，第 2 段的条款内容将不再适用，而应当按照甲国国内税法规定的税率，通过合格利润确认应纳税额。采用这一方法的先决条件是能够确认合格利润，具体指的是 30% 的受益所有人 ADS 利润率与缔约国 ADS 年营业收入总额的乘积。

2023 年 12 月 22 日，《在联合国促进包容和有效的国际税务合作》决议由联合国通过。该决议遵循《联合国宪章》所载的宗旨和原则，重申了及时加强国际税务合作并使其在程序和实质方面具有充分包容性和更加有效的必要性，以便各国政府能够更好地合作发展筹资。决议决定成立一个由成员国领导的、不限成员名额的政府间特别委员会，其任务是拟定一项关于联合国国际税务合作的框架公约。决议还强调，国际税务合作的努力应在方法和范围上具有普遍性，考虑到所有国家，特别是发展中国家和处境特殊的国家的不同需要和能力。但是由于以美、英及欧盟为代表的 46 个国家和地区的反对，该决议以多数票而不是以达成共识的方式通过。因此，联合国国际税务合作的推进在未来还需要更多的谈判和协调。

五　我国积极应对经济数字化背景下的国际税收改革

党的二十大报告明确指出，"中国积极参与全球治理体系改革和建设，践行共商共建共享的全球治理观，坚持真正的多边主义，推进国际关系民主化，推动全球治理朝着更加公正合理的方向发展"。全球税收治理是全球治理体系的重要组成部分，无论是包容性框架推动的"双支柱"改革，还是联合国倡导的国际税务合作，对于符合共商、共建、共享理念的多边方案我国都持积极的支持态度。习近平总书记强调，要积极参与数字经济国际合作，主动参与国际组织数字经济议题谈判，开展双多边数字治理合作，维护和完善多边数字经济治理机制，及时提出中国方案，发出中国声音。[①] 当前，如何应对经济数字化下的税收问题，合理兼顾不同经济体的税收利益，建立一个稳定可预期的国际税收体系，减少单边措施对国际贸易形势的负面影响，已经成为世界各国的共同诉求。就我国而言，始终支持并维护多边体

---

① 《习近平著作选读》第二卷，人民出版社 2023 年版，第 539 页。

系下的国际税收规则及其调整是我国的一贯立场。

作为数字经济大国，我国在数字经济蓬勃发展的同时，最先享受到数字经济的发展福利，也较早面临数字经济带来的风险挑战。因此，我国应当基于实际发展情况，根据世界各国的先进经验，深入推动数字经济税收改革，谨慎稳妥推进新国际税收规则在我国的落地实施。同时，我们也必须认识到，建立符合数字经济发展逻辑的税收制度是一个循序渐进的过程，需要在数字经济治理的制度下、在产业融合的进程中、在我国企业"走出去"的基础上，逐步构建起数字时代的税收制度，并对外积极参与国际税收规则的重塑，增强国内税制的全球竞争力。

（一）积极参与国际税收治理与改革

数字化活动已经成为经济发展和世界经济全球化的强大引擎。国际社会普遍达成的共识是数字经济不应当因为税收目的受到限制，而应该调整和完善现有的税收制度，适应经济数字化的发展，确保征税体系的中立、有效、确定和公平。同时，征管手段需要与税制尽量有效结合，兼顾操作性与灵活性。我国作为世界上主要的数字经济大国，应秉持主动适应、积极求变的态度，在国际税改方案的谈判中坚决维护国家税收权益的同时始终坚持多边主义，力争提出能够有效平衡多方利益的国际税收设计，通过具有共识性的多边方案应对经济数字化税收挑战，避免单边措施对世界经济复苏的负面影响。

（二）构建具有全球竞争力的国内税制

随着数字经济的发展，全球化趋势不可阻挡。经济全球化意味着税源国际化，从而使国际税收竞争日益加剧，也为跨国公司逃避税收提供了更为便利的条件。国内税制的发展日益受到国际税收竞争因素的影响。当前我国数字经济尚处于发展初期，很多方面还需要政策支持，以鼓励发展和抢占数字经济制高点。同时，也要"边发展、边规范"，防止其野蛮生长，给经济和社会带来不良影响。我国应建立起科学、合理、公平、法治的数字税制度和统计标准，这有利于促进数字经济与传统经济加快融合、协同发展。同时，也要通过动态调整，不断增强数字经济和税收制度之间的适配，提高国内税制的国际竞争力，消除有害税收竞争，打击跨国企业国际避税，促进国际税收协调和税收征管合作。

（三）注重跨国层面的税收公平

在数字化商业模式中，用户参与、无形资产逐渐成为价值创造中的核心要素，传统的以常设机构为核心的国际税收规则无法反映用户对价值创造的贡献，偏离了"利润在价值创造地征税"的原则，导致对跨境数字服务所得征税不足，且主要是给平台用户和广告客户所在国带来损失。在当前复杂严峻的国际形势下，"双支柱"方案与共建"一带一路"倡议均强调通过对话和协商来化解分歧，以公平性和包容性为主基调推进国际税收领域合作。我国应该坚持高水平对外开放的发展战略，推动建立更加公平、透明、可持续的国际税收治理体系。

参考文献

冯俏彬：《数字经济时代税收制度框架的前瞻性研究——基于生产要素决定税收制度的理论视角》，《财政研究》2021年第6期。

何杨、廖鎏曦：《全球最低税改革及其对中国的影响》，《改革》2023年第10期。

何杨、孟晓雨、罗文淇等：《全球最低税：理论溯源、政策实践与影响分析》，《财政研究》2023年第8期。

何杨：《经济数字化背景下的国际税收变革：理论框架与影响分析》，《国际税收》2020年第5期。

霍军：《跨境经济数字化与国际税收规则变局》，《税务研究》2021年第8期。

蒋震、苏京春、杨金亮：《数字经济转型与税制结构变动》，《经济学动态》2021年第5期。

李金艳、陈新：《关于双支柱方案的全球税收共识：真相探究和法律现实》，《国际税收》2022年第3期。

吴小强、李晓凡、崔军：《双支柱时代国际税收环境与中资跨国企业全球税务策略》,《税务研究》2022 年第 3 期。

徐翔、厉克奥博、田晓轩:《数据生产要素研究进展》,《经济学动态》2021 年第 4 期。

张斌:《数字经济对税收的影响:挑战与机遇》,《国际税收》2016 年第 6 期。

朱青、杨宁:《关于 OECD 应对经济数字化国际税收改革方案的评论》,《国际税收》2020 年第 8 期。

Auerbach, A. J. and M. P. Devereux, "Cash-Flow taxes in an international setting", *American Economic Journal: Economic Policy*, 2018, 10.

Auerbach, A. J., M. P. Devereux, M. Keen and J. Vella, "International tax planning under the destination-based cash flow tax", *National Tax Journal*, 2017, 70.

Bellak, C. and M. Leibrecht, "Does the impact of employment protection legislation on foreign direct investment differ by the skill intensity of industries? An empirical note", *The World Economy*, 2011, 34.

de Mooij, R. A., S. Ederveen, "Taxation and foreign direct investment: A synthesis of empirical research", *International Tax and Public Finance*, 2003, 10.

Devereux, M. P., R. Griffith and A. Klemm, "Corporate income tax reforms and international tax competition", *Economic Policy*, 2002, 35.

Devereux, M. P. and R. de la Feria, "Defining and implementing a destination-based corporate tax", Oxford University Centre for Business Taxation working paper 14/07, 2014.

Feld, L. P., J. H. Heckemeyer, "FDI and taxation-A meta-study", *ZEW-Leibniz Centre for European Economic Research Discussion Paper Series*, 2008.

Gorter, J. and A. Parikh, "How sensitive is FDI to differences in corporate income taxation within the EU", *De Economist*, 2003, 151.

Schwarz, P., "Estimating tax-elasticities of foreign direct investment: The importance of tax havens", *Economics Bulletin*, 2011, 34.

B.5
俄罗斯应急财政管理制度研究

童伟 齐凤*

摘 要: 为授权处理的紧急情况提供政府资助,为紧急情况的预防和处置提供财政资金支持,设立专用财政资金和物质资源储备以应对紧急情况,是俄罗斯应急财政管理的主要任务。在应对突如其来的新冠疫情时,俄罗斯应急财政管理和物质保障机制在保护居民生命健康、维护社会安全稳定、促进经济复苏等方面发挥了积极作用。

关键词: 俄罗斯 应急管理 财政管理

一 俄罗斯的应急财政管理体系

俄罗斯应急管理资金来自方方面面,主要由财政资金、保险资金、银行信贷资金、捐赠资金等组成,但财政资金始终是俄罗斯应急管理中最为重要的资金来源。俄罗斯应急财政管理包括应急资金准备、应急物资储备、应急征用补偿、各级政府间应急财政关系管理处理等多个领域,其中,应急资金准备是俄罗斯应急财政管理最为重要的工作领域。

(一)俄罗斯应急准备金

俄罗斯应急准备金由常规性财政应急准备金、补充性财政应急资金、长

---

* 童伟,经济学博士,中央财经大学财经研究院研究员、博士生导师,俄罗斯东欧中亚研究中心主任,主要研究方向为公共财政理论与政策、俄罗斯东欧中亚财政经济;齐凤,中央财经大学财经研究院博士研究生,主要研究方向为公共财政理论与政策、俄罗斯东欧中亚财政经济。

期财政应急储备金等组成。

1. 常规性财政应急准备金

根据俄罗斯《预算法典》，俄罗斯联邦政府设立了用于预防和处理紧急情况和自然灾害后果的保障国家物资储备资金和储备基金。保障国家物资储备资金和储备基金为俄罗斯联邦预算体系内资金，设置在全国性问题支出项下。俄罗斯全国性问题支出为国家管理支出，主要包括：俄罗斯联邦总统职能履行，俄罗斯联邦主体政府和地方自治政府最高首脑职能履行，国家立法机构和地方代表机构职能履行，俄罗斯联邦政府、俄罗斯联邦主体政府和地方自治政府职能履行，保障联邦法院系统运行，保障财政、税收、海关部门及财政预算监督部门的正常运行，保障选举和全民公决，保障国际事务和国际合作的开展，保障国家物资储备，促进基础科学研究，设立后备基金，全国性问题的应用研究等方面支出。

俄罗斯国家物资储备资金主要用于保障国家储备局、联邦主体和地方储备局相应物资储备活动开展。储备基金主要用于总统、联邦政府、联邦主体政府和地方政府在消除自然灾害和其他紧急情况后果时，采取应急救援和恢复生产时的支出。联邦政府储备基金由俄罗斯紧急情况部负责管理。

俄罗斯在各联邦主体预算和地方预算中也设有相应的储备基金，地方储备基金的规模由各联邦议会和地方议会在批准下一财年预算时确定，规模一般不超过预算支出总额的3%。

2. 补充性财政应急资金

当应急管理所需资金超出常规性财政应急储备承受范围时，俄罗斯可通过调取其他领域结余资金或削减其他领域资金的方式予以补充。2020年，为抑制新冠疫情的蔓延，俄罗斯联邦政府批准了多项关于扩大储备基金的预算法修正案。2020年，储备基金获得了储蓄银行股份出售收入，石油天然气领域销售收入，以及因疫情未能及时开展影院装修、展览举办的结余资金，使当年储备基金收入比往年扩大2~3倍，占全国性问题支出的比重也由上年的13.19%提高到27.23%（见表1）。

表1　2019～2020年俄罗斯联邦政府预算体系内应急财政支出

单位：亿卢布，%

名称	2019年		2020年	
	金额	占比	金额	占比
全国性问题支出（即国家管理支出）	13635.39	100	15076.96	100
保障国家物资储备资金	939.90	6.89	1254.46	8.32
储备基金	1798.68	13.19	4105.50	27.23

注：表中占比指应急财政支出占全国性问题支出的比重。

资料来源：俄罗斯国家统计局，http：//www.roskazna.ru/reports/cb.html。

3.长期财政应急储备金

俄罗斯长期财政应急储备金为国家财富基金。俄罗斯国家财富基金发展沿革自预算稳定基金。

2004年，俄罗斯运用超额石油收入组建了专门的国家级储备基金——预算稳定基金。俄罗斯预算稳定基金独立于联邦预算体系，其功能在于：当国际石油价格低于基准价格时，用于弥补财政预算赤字，稳定国家经济发展，缓解通货膨胀压力，是保障俄罗斯国家财政预算安全的蓄水池和稳定器。2008年俄罗斯预算稳定基金被拆分成两部分：联邦储备基金和国家福利基金。联邦储备基金继续执行稳定功能，国家福利基金则被用于补助养老基金，维护代际公平。

在2008年国际金融危机、2015年世界石油价格暴跌、西方制裁加剧的情况下，俄罗斯联邦储备基金在支持反危机计划、确保金融行业以及实体经济稳定发展、控制通胀、保障国家财政经济平衡等方面发挥了极为重要的作用。与此同时，俄罗斯联邦储备基金也被用于弥补超常规应急管理支出。由于存在两个名称完全相同的储备基金，为做区别，常规性储备基金被称为联邦政府预算体系内储备基金，用于弥补超常规应急管理支出的储备基金则称为联邦储备基金。

2015年后，随着国际石油价格的持续低迷，以及欧美国家对俄罗斯制裁的加重，为提振经济，弥补财政赤字，俄罗斯开始大幅支出联邦储备基金。收大于支使俄罗斯联邦储备基金规模开始下降，2017 年后基金总额已不足 1 万亿卢布，占 GDP 的比重由最高时超过 10% 降至 1%。而国家福利基金的资金规模还维持在 4 万亿卢布左右，约为 GDP 的 5%。在这种情况下，俄罗斯决定将二者进行合并。2017 年 7 月，俄罗斯《预算法典》修正案获得批准，新《预算法典》明确规定，自 2018 年 2 月 1 日起，俄罗斯联邦储备基金在全部耗尽之后进行"技术关停"，其后油气超额收入将被全部纳入国家福利基金，自此俄罗斯联邦储备基金正式退出历史舞台。

联邦储备基金关闭后，其财政保障功能及长期应急管理财政补助功能被移交给国家财富基金。在新冠疫情防控期间，俄罗斯国家财富基金多批次调拨资金用于稳定金融行业以及帮助中小企业复苏与发展。

（二）俄罗斯应急管理物资保障

1. 俄罗斯国家储备局的发展

物资储备部门在俄罗斯已存在并发展数百年，是俄罗斯较稳定的一个机构，早在彼得大帝时期就已形成。对于独立后的俄罗斯来说，国家储备历史上具有重要意义的时刻是 1994 年，该年底俄罗斯制定并出台《国家物资储备法》，确立了俄罗斯国家物资储备的形成、储存和使用的一般原则，同时成立国家储备委员会。1999 年，国家储备委员会更名为储备局，2004 年 3 月，再度更名为国家储备局，受经济与贸易发展部（2008 年 5 月之后为经济发展部）管理。2016 年起直接受俄罗斯联邦政府领导。

俄罗斯国家储备局（ФАПГР）为联邦政府下辖的国家物资储备专门机构，负责制定国家物资储备管理领域的国家政策和规范，提供国家物资储备相关公共服务。俄罗斯国家储备局由局本级、七个联邦区派驻机构、三个下属机构，即中央信息计算中心、俄罗斯国家储备问题科学研究所和俄罗斯国家储备大学，以及国家储备物资保管部门组成。[①]

2. 俄罗斯应急物资保障与储备

在俄罗斯，由国家储备局负责应急储备物资的采购、储存和管理，为紧

[①] 俄罗斯国家储备局官网，https：//rosrezerv. gov. ru/。

急行动提供后勤支援，确保关键商品、原料、能源的供应，预防或防止传染病、动物流行病及放射性污染的扩散，向俄罗斯各部门、各地区提供国家支持。国家储备局按照国家标准和技术规格购置、储存、调动国家储备物资。

俄罗斯国家储备局与军方保持着高度协同，当常规运输组织难以保障紧急救灾和人道主义援助时，可借助军方强大的运输能力，将储备物资调运到国内任何需要的地方，使国家储备战略保障能力得到极大提升。

为提高俄罗斯国家储备的数字化水平，减少对国外信息和通信技术设备及软件技术的依赖，确保本国信息系统和信息技术基础设施的可靠性和安全性，俄罗斯推出了"国家储备局2022年和2023~2024年数字化转型部门计划"①，同时，期望借助部门数字化转型的机会，降低服务与管理成本，提高公民满意度。为确保该项工作的顺利实施，2022~2024年，俄罗斯预计投入626.44亿卢布，其中20.38亿卢布用于国家储备数字化转型系统的研发，606.06亿卢布用于数字系统的深度利用和运营。

（三）俄罗斯应急管理国家规划

俄罗斯联邦政府预算管理的主要方式是实施规划预算，即以"国家规划"为基本单元，将联邦预算划分为五大领域：①提高生活质量；②经济创新与现代化；③保障国家安全；④平衡地区发展；⑤建设高效国家。同时，在五大领域下设立国家规划，以确保国家重点领域能够得到财政资金的充分保障。例如"保护居民和领土免受紧急情况影响、保障消防安全和水上设施人员安全"以及"管理国家物资储备"均属于俄罗斯"保障国家安全"类别下的应急管理国家规划。

1. 俄罗斯联邦国家规划

2018年5月，俄罗斯发布总统令《2024年前俄罗斯发展国家目标和战

---

① Ведомственная программа цифровой трансформации Федерального агентства по государственным резервам на 2022 год и плановый период 2023 – 2024 годов, https://sudact.ru/law/vedomstvennaia－programma－tsifrovoi－transformatsii－federalnogo－agentstva－po_9/?ysclid=m16jkji0vo77028264.

略任务》，提出了俄罗斯在科学技术、社会经济发展等方面的国家战略发展目标，即向居民提供更多负担得起的住房和安全高质量的公路，进一步延长人均预期寿命，大幅提高国民生活水平，全面消除贫困，为居民个人自我价值实现创造条件。围绕该法令，俄罗斯于 2019 年 5 月发布《2024 年前俄罗斯国家目标达成统一计划》，指出国家目标是俄罗斯联邦政府 2024 年前的主要工作方向，保障这一目标实现的工具是国家规划。

据此，俄罗斯对国家规划进行了全面修订，随着联邦政府 2020 年 2 月颁布第 334-p 号政府令，俄罗斯将国家规划设置为 5 大领域 46 项规划，国家规划预算占到联邦政府预算的 70% 以上。①"提高生活质量"领域预算覆盖卫生、教育、住房、文化、交通、就业等与公民生活息息相关的公共服务，共 10 项国家规划。②"经济创新与现代化"领域支持经济、科技、工业、能源、航空等各项事业发展，共 19 项国家规划。③"保障国家安全"领域包含国家安全、国防、应急管理、后备力量动员等 8 项国家规划，其中，第 33 号国家规划"保护居民和领土免受紧急情况影响，保障消防安全、水上设施人员安全"和第 35 号国家规划"管理国家物资储备"都属于应急管理国家规划。④"平衡地区发展"领域重点关注不同地区经济社会发展，内含 6 项国家规划。⑤"建设高效国家"覆盖外交、司法、金融市场 3 项国家规划。

2. 俄罗斯应急管理国家规划

虽然"保护居民和领土免受紧急情况影响，保障消防安全、水上设施人员安全"（以下简称国家规划"应急管理"）和"管理国家物资储备"都属于俄罗斯"保障国家安全"领域的国家规划，但俄罗斯国家规划官网仅公布了"保护居民和领土免受紧急情况影响，保障消防安全、水上设施人员安全"的相关材料，"管理国家物资储备"属于国家机密，仅公布部分非常简单及常规性的资料①。在此，主要探讨"保护居民和领土免受紧急情况影响，保障消防安全、水上设施人员安全"国家规划。

---

① 国家规划"管理国家物资储备"每年的预算大约为 135 亿卢布。

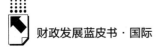

（1）俄罗斯国家规划"应急管理"的任务。

俄罗斯国家规划"应急管理"的任务为：确保有效预防和消除自然和人为紧急情况、火灾、水灾事故，消除恐怖行为和军事冲突的后果；确保民事保护处于高度戒备状态，确保居民和领土免受自然和人为紧急情况影响，确保消防安全和水上设施人员安全，确保民防领域的有效活动和管理；研发保障技术安全和原子能使用安全的系统；保障俄罗斯联邦主体居民的生命安全。

俄罗斯国家规划"应急管理"共分为 4 个发展阶段：第一阶段为 2013 年 1 月 1 日~2015 年 12 月 31 日；第二阶段为 2016 年 1 月 1 日~2020 年 12 月 31 日；第三阶段为 2021 年 1 月 1 日~2024 年 12 月 31 日；第四阶段为 2025 年 1 月 1 日~2030 年 12 月 31 日。

俄罗斯联邦政府预算用于保障国家规划"应急管理"的资金约为 32904 亿卢布，年度预算见表 2。

表 2　俄罗斯国家规划"应急管理"年度预算

单位：千卢布

年度	联邦预算
2013	1588386
2014	19148266
2015	148527281
2016	189013410
2017	184690245
2018	190947062
2019	194109863
2020	225898808
2021	238344082
2022	208851300
2023	214173200
2024	222328500
2025	208800000
2026	208800000

年度	联邦预算
2027	208800000
2028	208800000
2029	208800000
2030	208800000

注：2023 年（含）前为预算执行数，2024～2026 年为中期预算批复数，2027 年（含）后为计划数。

资料来源：依照俄罗斯国家规划"保护居民和领土免受紧急情况影响，保障消防安全、水上设施人员安全"护照，以及各年度预算执行情况编制。

俄罗斯国家规划"应急管理"的主管部门为紧急情况部，协同管理部门为卫生部，联邦生态、技术和原子能监督局，参与部门为工业贸易部，联邦数字发展、通讯和大众传媒部，联邦动植物检疫监督局，农业部，财政部，联邦保护消费者权利和公益监督局，国家储备局，国防部，内务部，安全局，联邦生物医药局。

（2）俄罗斯国家规划"应急管理"的预算规模和结构。

俄罗斯国家规划"应急管理"的预算资金在各部门间的配置不同，紧急情况部居于核心地位，规划预算 95% 以上的资金由紧急情况部支配，其后依次为联邦生态、技术和原子能监督局，卫生部，联邦保护消费者权利和公益监督局，国防部，联邦生物医药局，工业贸易部，农业部，联邦动植物检疫监督局。

（3）俄罗斯国家规划"应急管理"的实施内容。

俄罗斯国家规划"保护居民和领土免受紧急情况影响，保障消防安全、水上设施人员安全"由 5 项子规划组成。

子规划 1：预警、救援和救助，责任部门为俄罗斯紧急情况部。

子规划 2：应急保障和管理，责任部门为俄罗斯紧急情况部。

子规划 3：工业安全保障系统开发，责任部门为俄罗斯联邦生态、技术和原子能监督局。

子规划 4："安全城市"软硬件综合体建设和开发，责任部门为俄罗斯紧急情况部。

子规划5：国家化学和生物安全系统，责任部门为俄罗斯卫生部。

俄罗斯国家规划"应急管理"预算资金在各子规划间的配置也不相同，通常情况下，5项子规划预算规模由大到小依次为：子规划1"预警、救援和救助"，子规划2"应急保障和管理"，子规划3"工业安全保障系统开发"，子规划4"'安全城市'软硬件综合体建设和开发"和子规划5"国家化学和生物安全系统"。但由于2020年新冠疫情的突然发生，应急保障和管理成为国家规划最为重要的工作，子规划2"应急保障和管理"预算规模在执行过程中大幅度调增，由304.36亿卢布提高到1511.08亿卢布，提高了近4倍，占规划预算的比重由14.5%上升到66.9%。相应地，子规划1"预警、救援和救助"预算规模由1709.32亿卢布调减到621.87亿卢布，下降了63.6%，占比也由第一位的81.4%下降到第二位的27.5%（见表3）。

表3 2020年俄罗斯国家规划"应急管理"预算结构

单位：百万卢布，%

子规划	规划预算		修订后预算		预算执行		预算执行率
	金额	比重	金额	比重	金额	比重	
子规划1：预警、救援和救助	170932	81.4	62187	27.5	58198	26.7	93.6
子规划2：应急保障和管理	30436	14.5	151108	66.9	150856	69.1	99.8
子规划3：工业安全保障系统开发	5184	2.5	6865	3.0	6691	3.1	97.5
子规划4："安全城市"软硬件综合体建设和开发	230	0.1	230	0.1	230	0.1	100
子规划5：国家化学和生物安全系统	3231	1.5	5507	2.4	2296	1.1	41.7
合计	210015	100	225898	100	218273	100	96.6

资料来源：Госпрограмма Российской Федерации «Защита населения и территорий от чрезвычайных ситуаций, обеспечение пожарной безопасности и безопасности людей на водных объектах», https://ach.gov.ru/upload/pdf/budget/gp-2020/.

（4）俄罗斯国家规划"应急管理"的目标指引。

俄罗斯国家规划"应急管理"的目标为：最大限度减少因发生军事冲突、恐怖主义行为，以及自然和人为紧急情况对居民、经济和自然环境造成的社会经济和环境损害。与此同时，国家规划"应急管理"也提出了规划绩效目标和指标编制时应考虑的设置思路（见表4）。

表4　俄罗斯国家规划"应急管理"绩效目标与指标设置指引

绩效指标	标准值
减少紧急情况下死亡人数(与2011年指标比)	%
水灾事故数量	千
公民对紧急情况部公共服务质量的满意度	%
破坏性事件(紧急情况、火灾、水体事故)造成的经济损失	十亿卢布
应急监测预报系统提交应急预报占应急预报总数的比重(预报可靠度)	%
火灾数	千
控制中心对消除紧急情况和恐怖行为后果的准备程度	%
市内突发事件和消防救援单位平均到达时间	分钟
使用电子形式获取公共服务信息公民占接受服务公民总数比重	%
农村突发事件和火灾消防救援单位平均到达时间	分钟
减少火灾死亡人数(与2011年指标比)	%
突发事件数量	千
建筑物登记火灾数	千
减少水灾事故死亡人数(与2011年指标比)	%
危险生产设施事故数量	千

根据该指引，俄罗斯国家规划"应急管理"提出如下总体绩效目标：提高和平时期和战时保护居民和领土免受危险和威胁的水平；提高民防当局和部队、国家统一系统的当局和部队对预防和消除紧急情况的反应水平，以应对军事冲突或这些冲突引起的预计危险，以及水体发生紧急情况、火灾和事故的风险；有效利用各级预算资金等解决首要问题；确保全俄人员集散地综合预警和宣传系统进一步发展；确保国家紧急情况统一预防和消除系统进一步发展；确保紧急情况监测和预测系统进一步发展；继续制定和实施措

施,提高重大经济和基础设施项目保护效率,同时充分考虑各地区自然和气候特征,降低火灾风险并减轻其后果;确保居民安全和保护关键设施免受火灾威胁;强化核能利用的技术安全和保障;引入现代信息系统,加快预防和消除自然和人为紧急情况的信息化和自动化过程。

表 5　俄罗斯国家规划"应急管理"绩效指标

指标	标准值
2030 年破坏性事件造成的经济损失比 2010 年减少	51%
2030 年破坏性事件造成的经济损失不超过	1285 亿卢布(2010 年为 2494 亿卢布)
2030 年建筑物火灾数量比 2019 年减少	不高于 15.98 万件,其中火灾数量 17.74 万件
2030 年紧急事件数量比 2010 年(0.36 万件)减少	不高于 0.207 万件
2030 年水域事故数量比 2010 年(8.6 万个单位)减少	不高于 4.6 万个单位
2030 年紧急情况下死亡人数(相对于 2011 年的指标)减少	45.5%
2030 年火灾中丧生人数(相对于 2011 年的指标)减少	42.11%
2030 年在水上设施事故中丧生人数(与 2011 年的指标相比)减少	34%
2030 年城乡突发事件和消防救援平均到达时间分别缩短至	6.1 分钟和 11.5 分钟
2030 年紧急情况监测预报系统编制的紧急情况合理预报占紧急情况预报总数比重(预报的可靠性)	91.5%
2030 年危险生产设施事故数量减少	每千个危险生产设施 0.87 起

资料来源:俄罗斯国家规划"保护居民和领土免受紧急情况影响,保障消防安全、水上设施人员安全"护照。

（5）俄罗斯国家规划"应急管理"的改革与完善。

2011 年实施国家规划以来,俄罗斯国家规划的发展较为平稳,"提高生活质量、经济创新与现代化、保障国家安全、平衡地区发展和建设高效国家"五大类别一直保有,国家规划的预算资金规模也相对平稳,后期大致维持在联邦预算的 70%。

但随着联邦政府第 1689-p 号令《关于俄罗斯国家规划清单修订》发布,自 2022 年 1 月 1 日起,俄罗斯国家规划进入全新发展时期,不论是国家规划类别、国家规划数量,还是国家规划预算等,都出现了根本性改变。

俄罗斯新版国家规划由五大类改变为八大类，主要为：①保护居民、健康和福利，②人才自我价值实现与发展机会，③舒适安全的生活环境，④体面、高效的工作和成功的创业，⑤发展科学、工业和技术，⑥数字传播，⑦平衡地区发展，⑧保障国家安全和国际合作（见表6）。

表6　俄罗斯2022年国家规划清单

序号	名称	执行期限	负责部门
1. 保护居民、健康和福利			
1	卫生	2018～2030年	卫生部
2	居民社会支持	2013～2030年	劳动部
3	无障碍环境	2011～2030年	劳动部
4	发展体育和运动	2013～2030年	体育部
5	支持就业	2013～2030年	劳动部
2. 人才自我价值实现与发展机会			
6	教育	2018～2030年	教育部
7	发展文化	2013～2030年	文化部
8	发展旅游	2022～2030年	—
9	国家民族政策	2017～2030年	联邦民族事务局
3. 舒适安全的生活环境			
10	提供无障碍和舒适住房及公共设施	2018～2030年	建设部
11	发展交通系统	2018～2030年	交通部
12	环境保护	2012～2030年	自然资源部
13	农村地区综合发展	2020～2030年	农业部
14	保护居民和领土免受紧急情况影响，保障消防安全、水上设施人员安全	2013～2030年	紧急情况部
15	维持社会秩序和打击犯罪	2013～2030年	内务部
4. 体面、高效的工作和成功的创业			
16	经济发展与创新经济	2013～2030年	经济发展部
17	自然资源再生利用	2013～2030年	自然资源部
18	发展林业	2013～2030年	自然资源部
19	发展农业，调节农产品、原材料和食品市场	2013～2030年	农业部
20	发展渔业综合体	2013～2030年	农业部
21	农业用地流转效率提高和土壤改良综合设施发展	2022～2030年	农业部
22	发展能源	2013～2030年	能源部
23	管理国家金融和调节金融市场	2013～2030年	财政部

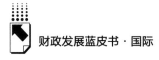

续表

序号	名称	执行期限	负责部门
	5. 发展科学、工业和技术		
24	俄罗斯联邦科学技术发展	2019~2030 年	教育科技部
25	发展工业、提高工业竞争力	2013~2030 年	工业贸易部
26	发展医药工业	2013~2030 年	工业贸易部
27	发展航空工业	2013~2030 年	工业贸易部
28	发展大陆架矿物开发造船技术	2013~2030 年	工业贸易部
29	发展电子和无线电工业	2013~2030 年	工业贸易部
30	俄罗斯空间活动	2013~2030 年	国家航天集团
31	发展原子能工业综合体	2013~2030 年	国家原子能集团
	6. 数字传播		
32	数字社会	2011~2030 年	数字部
33	国家空间数据系统	2022~2030 年	联邦登记、地籍和制图局
	7. 平衡地区发展		
34-38	不同地区社会经济发展	—	远东和北极发展部、经济发展部
39	发展联邦关系，为建立高效和负责任的地区和地方财政管理创造条件	2013~2030 年	财政部
	8. 保障国家安全和国际合作		
40	保障国家国防	2019~2025 年	国防部
41	保障国家安全	2012~2030 年	联邦安全局
42	保护个人、社会和国家安全	2021~2030 年	俄罗斯警卫队
43	保障俄罗斯生化安全	2021~2030 年	卫生部
44	管理国家物资储备	2020~2030 年	国家储备局
45	俄罗斯联邦后备力量动员	2021~2030 年	国家专项规划管理总局
46	发展国防工业综合体	2016~2030 年	工业贸易部
47	对外政治活动	2013~2030 年	外交部
48	促进国际发展	2022~2030 年	外交部
49	支持和推动国外俄语发展	2022~2031 年	外交部

资料来源：УТВЕРЖДЕНЫ распоряжением Правительства Российской Федерации от 22 июня 2021 г. № 1689-р.

俄罗斯新版国家规划最为鲜明的特色就是高度关注人的发展。在俄罗斯旧版国家规划中，与人相关的仅为第一大类"提高生活质量"，关注的是民众生活水平的保障，仅占国家规划类别的1/5。在新版国家规划中，人的发展成为国家规划的核心与重点，在八大规划类别中，"保护居民、健康和福利""人才自我价值实现与发展机会""舒适安全的生活环境""体面、高效的工作和成功的创业"等四类都与人有关，占到国家规划类别的一半。

俄罗斯新版国家规划不仅关注人们的生活，而且更关注作为个体的人的全面发展、潜能激发，以及工作感受、成长与发展。这一点与俄罗斯国家安全战略关注人民福祉的第一要义高度吻合，也与俄罗斯2030年前国家应急管理战略提出的应急管理生命优先的原则高度一致。

在新版国家规划中，"保护居民和领土免受紧急情况影响，保障消防安全、水上设施人员安全"不再属于国家安全管理范畴，转至"舒适安全的生活环境"国家规划大类。这也体现了俄罗斯应急管理目标的转变，应急管理由保障国家安全转变为为民众提供安全的生活环境，属于国家为民众提供的基本公共服务，其服务对象已悄然发生根本性变革。

至于国家规划"管理国家物资储备"则依然保留在调整后的"保障国家安全和国际合作"类别之中。

二　新冠疫情期间俄罗斯的应急财政管理

为遏制病毒的传播，在相当长一段时期，俄罗斯不少领域，包括政府部门的活动都受到严格限制，部分服务业被迫中止，各类消费也因隔离措施的实施受到明显抑制。基于被迫中止活动的经济范围过大，需要的政府干预超出一般逆周期财政政策的实施范围，俄罗斯引入一系列反危机应急财政措施，在强化疫情防控的同时，避免社会陷入"营业收入减少—居民就业及收入减少—社会需求减少—营业收入减少"的恶性循环。

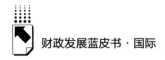

（一）疫情防控应急组织保障工作

俄罗斯紧急管理体系具有大总统、大安全、联合行动的特点。所谓
"大总统"是指俄罗斯总统在应急管理体系中拥有广泛的决策权，总统不仅
作为国家首脑执行立法机构的决策，还是整个应急管理的核心，所有重大应
急管理方案与行动都由总统签署，总统拥有全国最高应急管理权限。所谓
"大安全"是指从联邦到地方，逐步建立起不同级别组织专职专人，具有综
合性、协同性的管理机构。所谓"联合行动"是指总统下设专职国家安全
战略重要机构——国家安全委员会，由总统直接控制。国家安全委员会负责
向总统提出有关预防和响应紧急状态的政策建议，协调俄罗斯联邦执行机构
和联邦主体执行机构的活动。同时下设跨部门应急管理委员会，保障应急管
理各部门协调一致。

在本次新冠疫情防控期间，俄罗斯应急管理体系发挥了重要作用。2020
年1月27日，在俄罗斯总理米舒斯京的组织下成立新冠疫情防控行动指挥
部，以增进部门间的协调互动，应对突如其来的新冠疫情。

2020年3月，新冠疫情防控行动指挥部升级为新冠疫情防控协调委员
会，以期在疫情全球蔓延、应对日趋综合化和复杂化的情况下，确保俄罗斯
联邦各级各地政府在组织疫情防控工作时能够行动统一、高效联动，有效应
对新冠疫情带来的威胁与冲击，在对疫情发展情况进行全面监测的同时，为
公民提供权威信息通报与服务。

2021年，俄罗斯借助新一轮行政改革，成立俄罗斯联邦政府协调中
心，以对政府部门的各类信息进行分析和汇总，打破各个部门对信息的垄
断，营造"信息生态系统"，在突发状况中为决策层提供全面信息，以确
保联邦政府在紧急情况下能够迅速协调各方，拟定优先任务，解决突发
问题。[1]

---

[1] 费海汀、邹文卉：《俄罗斯新冠肺炎疫情防控机制分析》，《俄罗斯东欧中亚研究》2021年
第5期，第57页。

（二）利用应急财政资金应对紧急情况

新冠疫情期间，俄罗斯应急财政资金主要被用于以下几个方面。

1. 拨付专项基金，升级医疗设备

为改进医疗设施设备，使患者获得必要的救治，俄罗斯从储备基金中拨付资金，用于新冠肺炎放射诊疗、氧气供应系统完善。

2. 为医务人员提供专项社会保障

直接与确诊或疑似冠状病毒感染患者接触的医生、护士以及救护车司机，如果在工作场所感染 COVID-19，可享受额外保险。如果因工作染病暂时丧失工作能力或导致残疾和死亡，将获一次性保险金。

3. 建设医疗中心、支持疫苗研发

在疫苗科研和药物研发方面，俄罗斯联邦政府 2020 年第一季度批准给联邦生物医学署 10 亿卢布拨款以建立实验室，用于开发疫苗和进行传染病领域的其他研究。2020 年 3 月 20 日，联邦生物医学署宣布着手开发新冠疫苗，并且创建了三种疫苗原型，测试结果在 2020 年第三季度初正式发布。2020 年 10 月 13 日，公益监督局系统下辖的联邦预算科学机构"矢量"病毒学与生物技术国家科学中心研制的第二种俄罗斯新冠疫苗"EpiVacCorona"正式完成国内注册，并于2021 年 1 月进入民用流通领域。

4. 发放防疫基本必需品

联邦主体政府部门根据辖区卫生和流行病情况，利用财政应急资金向辖区提供如下非食品类必需品：个人防护装备、消毒剂、防腐剂、湿巾、餐巾纸、牙膏、牙刷、卫生纸、卫生垫、洗衣粉、婴儿尿布、火柴、蜡烛、婴儿洗发水、婴儿护肤霜、喂奶瓶、奶嘴等。

（三）保障居民收入，支持经济复苏

2020 年 3 月 17 日，在疫情造成经济条件恶化的情况下，俄罗斯发布《确保经济可持续发展的优先行动计划》，明确提出利用财政应急资金重点开展如下几个方面的工作。

1. 为公民提供必需的保障与支撑

对超量库存予以贷款利率补贴，鼓励社会消费类产品经销商扩大库存；强化食品、儿童用品、药品、医疗产品、消毒及个人防护用品等日常必需品的供应监测；加强对联邦主体及地方劳动力市场的监测；实行积极的就业支持政策，组织开展技能提升和再培训活动；向增加失业联邦预算拨款和社会福利基金倾斜；对食品和日用品储备予以商业利率补贴，对生产个人防护设备和消毒设备的制药企业予以政策支持。

2. 对面临风险的经济部门予以支持

对因新冠疫情陷入困境的借款人，不降低其偿债资质评级。为因新冠疫情而遭受损失的运输企业提供财政支持或损失赔偿。对客流量明显减少的文化、体育企业予以政策支持。对经营出境旅游业务的旅行社免除应急基金捐款。对旅行社因不可退还的航空运输关税而遭受的损失进行赔偿。延长外国工人的工作许可。对受疫情影响企业准予3个月的延期纳税。

3. 对中小企业予以扶持

暂停对中小企业税收核查工作，微型企业缓交3个月相关保险费用。对中小企业予以一定程度的贷款利息补贴。对租赁国家或市政财产的中小企业暂停缴纳租金。优先向中小企业发放优惠贷款，增加为中小企业发放的无担保优惠贷款。降低中小企业政府采购合同担保要求。

4. 系统化举措

建立3000亿卢布财政储备，以应对未来数年的财政赤字。为受疫情影响的企业设立贷款重组担保基金。简化联邦定向投资计划有关的程序和文件，进一步加快政府资本投资。在税收下降的情况下，扩大对联邦预算的支持。

2020年9月27日，俄罗斯政府出台《实现恢复就业、经济增长和经济结构转变的国家行动计划》，将俄罗斯的经济复苏划分为三个阶段。第一阶段为适应阶段，其目标为：防止经济进一步下降，避免经济衰退扩大到更广泛的行业，确保受影响最严重行业的稳定。第二阶段为恢复阶段，其目标为：实现经济复苏和增加民众收入，避免健康问题复杂化。第三阶段为积极增长阶段，其目标为：确保实际收入持续增长，经济实现全面复苏。

通过这三个阶段国家行动计划的实施，俄罗斯在一定程度上实现了促进数字经济发展、加快住宅建设速度、增强进口替代能力、提高经济和卫生系统水平、社会经济可持续发展的目标。

三 启示与借鉴

完善的应急财政储备机制是应急管理的重要内容，也是保障应急资源快速集结的基础，虽然我国已初步建立财政预备费管理制度，但在实践中还存在不少亟须完善之处。为此，习近平总书记专门指出，"应急管理是国家治理体系和治理能力的重要组成部分"，"要发挥我国应急管理体系的特色和优势，借鉴国外应急管理有益做法，积极推进我国应急管理体系和能力现代化"。[①]《国务院关于印发"十四五"国家应急体系规划的通知》（国发〔2021〕36号）明确指出，要"深入推进应急管理体系和能力现代化，坚决遏制重特大事故，最大限度降低灾害事故损失，全力保护人民群众生命财产安全和维护社会稳定，为建设更高水平的平安中国和全面建设社会主义现代化强国提供坚实安全保障"。

以俄罗斯应急管理体系建设为核心，通过对俄罗斯应急管理体系发展历程的全面系统梳理，提炼俄罗斯在应急管理体系构建过程中的经验，为我国当前应急管理体系建设提供新的视角和思路，具有明显的现实意义。

（一）完善应急财政资金储备机制

重大突发公共事件发生之时，高效调动充足的救灾应急资金对于财政来说是最为重要的考验。我国应急财政资金以预备费为主，对于预备费，《预算法》规定按照各级财政一般公共预算支出的1%～3%计提。

依据世界银行政府财政管理能力评价体系（PEFA），财政预备费在预算支出中占比3%以上为最佳之选，3%～6%为良好。从历年我国中央财政

---

① 《习近平关于防范风险挑战、应对突发事件论述摘编》，中央文献出版社，2020，第198页。

预决算数据来看，我国财政预备费计提比例明显低于国际普遍认可的最佳实践水平。2003 年我国中央预备费为 100 亿元，2006 年增至 150 亿元，2008 年增至 350 亿元，2009 年增至 400 亿元，但 2011 年起增至 500 亿元后就一直保持在这个规模，此后每年中央预备费均按 500 亿元的固定规模安排。在中央预算支出逐年扩大的情况下，中央预备费在中央预算支出中所占比重不断下降，由 2011 年接近上限的 2.93% 下滑至 2023 年的 1.4%。

地方预备费的提取比例更低，地方政府对于中央政府在灾害发生之际的临时财政救助已形成惯性依赖，不足额提取甚至不提取预备费的现象在地方广泛存在，应急转移支付"粘蝇纸效应"突出。这样一种应急财政储备相较于巨灾救援来说无异于杯水车薪，在应对重大突发事件时明显不足。

由此，为应对重大公共事件防控需要，在应急财政储备规模相对合理的测算范围之内，各级政府应做到每年依法足额提取应急财政储备。由于应急财政资金的支出由本级政府决定，无须报经人大批准，且可用于突发事件之外的任何支出事项，各级政府对财政预备费的使用享有绝对的自由裁量权。

（二）实行财政预备费基金管理

我国财政预备费采用的是流量式管理方法，只与当年预算绑定，不滚动累计，不能结转使用，不仅制约了预备费的调度与平衡功能，还使预备费资金总量受到明显抑制。

应将应急财政储备转向滚动式基金管理，在不超过法定上限的情况下结转使用，以使应急财政基金既能拥有应对大型灾害事故的充足财力，又可避免临时预算调整对正常支出的冲击。此外，应急基金支出方向应更加明确，不得用于其他领域，应急资金的使用既要公开透明，还需专款专用。

（三）强化绩效管理，提升应急财政资金使用效益

基于突发事件的特殊属性以及应急资金拨付的时效性要求，应急资金在事关决策正确的事前绩效评估、绩效目标审核、预算编制审查等方面存在一定的现实困难。但决策的风险必然会随之影响到财政资金的使用效益。虽然

事急从权，但也不能因决策过于匆忙而频繁出现公共服务效率折损的情况。由此，还应规范应急财政管理制度，完善应急财政资金申请、使用程序和标准，构建应急财政分级分类绩效目标指标库，使常态化财政政策与应急政策相结合，从制度上保障应急财政决策的高效。

此外，还应高度关注应急财政管理的经济性和有效性。虽然重大公共事件发生初期，要求应急财政资金快速响应，使这一时期的应急资金管理具有弱经济性。但随着应急管理进入恢复和重建期，就需要提升应急管理的经济性要求，以避免过度应急带来的财政资金损失与浪费。

参考文献

冯俏彬：《新冠疫情折射下的我国应急财政管理制度》，《财政科学》2020 年第 12 期。

冯俏彬：《应急财政：基于自然灾害的资金保障体系研究》，经济科学出版社，2012。

冯俏彬、贾康：《应急管理与公共财政》，立信会计出版社，2015。

高小平、刘一弘：《中国应急管理制度创新：国家治理现代化视角》，中国人民大学出版社，2020。

郭欣欣、李永海：《我国应急财政管理机制研究综述》，《财会研究》2021 年第 3 期。

贺佑国、刘文革：《国外应急管理法制研究》，应急管理出版社，2019。

李思琪：《俄罗斯国家应急管理体制及其启示》，《俄罗斯东欧中亚研究》2021 年第 1 期。

李宗纲、钱瑶瑶：《疫情背景下健全国家现代应急管理体系研究》，《经济与管理评论》2020 年第 4 期。

刘志东、高洪伟：《"新冠肺炎疫情"背景下我国突发公共卫生事件应急管理体系的思考》，《中央财经大学学报》2020 年第 4 期。

马蔡琛、白铂：《财政预备费绩效管理的现实挑战与路径选择》，《财政监督》2023 年第 14 期。

马蔡琛、赵笛：《公共卫生应急资金的绩效管理——基于新冠肺炎疫情的考察》，《财政研究》2020 年第 9 期。

马海涛、姚东旻、于曙光：《我国财政安全的内涵、挑战和实现路径：基于总体国家安全观视角》，《经济理论与经济管理》2024 年第 5 期。

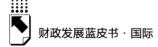
马建珍：《从抗击新冠肺炎疫情看我国应急管理体系建设》，《公共管理研究》2020年第5期。

〔美〕迈克尔·K·林德尔、卡拉·普拉特、罗纳德·W·佩里：《公共危机与应急管理概论》，王宏伟译，中国人民大学出版社，2016。

闵志慧、何艳敏：《我国应急财政资金管理问题探讨》，《财务管理研究》2020年第7期。

欧阳天健：《应急管理事权与支出责任研究》，《经济体制改革》2020年第6期。

钱沅羽：《论应急管理中的财政资金及财力保障体系规划建设》，《审计与理财》2019年第1期。

田雅琼：《俄罗斯预算稳定机制对冲新冠疫情风险的作用及启示》，《地方财政研究》2021年第6期。

童伟：《抵御经济危机的国家安全气囊——俄罗斯财政预算稳定机制分析》，《俄罗斯中亚东欧研究》2010年第4期。

童伟：《俄罗斯公共卫生支出：绩效管理机制构建与改革路径选择》，《俄罗斯中亚东欧研究》2021年第3期。

童伟、陈佳：《强化后疫情时代财政应急储备机制建设促进应急管理提质增效》，《经济研究参考》2023年第4期。

王伟平、郑明磊、冯敏娜：《我国突发公共事件应急资金管理使用的问题及对策研究》，《经济研究参考》2017年第33期。

王晓洁、陈肖肖：《应对新冠肺炎疫情：国家治理现代化的新挑战——财政视角》，《财经智库》2020年第3期。

王蕴波、景宏军：《财政治理现代化视角下地方政府预备费管理机制的优化研究——基于新冠肺炎疫情的反思》，《当代财经》2020年第10期。

徐坡岭：《新冠疫情下俄罗斯经济重启的制约因素及前景分析》，《渤海大学学报》2020年第6期。

А. И. Овсяник, М. А. Шахраманьян, М. В. Данилина и др, "Анализ обоснования бюджетных ассигнований из резервных фондов Правительства РФ и субъектов РФ на мероприятия по предупреждению и ликвидации ЧС природного и техногенного характера," *Проблемы безопасности и чрезвычайных ситуаций* 5, 2021.

В. А. Владимиров, "Национальная безопасность России: новые проблемы и новые приоритеты," *Актуальные вопросы Экономики* 4, 2021.

В. К. Белозёров, "Новая стратегия Национальная безопасность Российской Федерации: От приобретения до реализации," *Вестник МГЛУ. Общественные науки* 2, 2021.

В. А. Зокоев, В. М. Шеншин, "О правовом регулировании основных направлений деятельности единой государственной системы предупреждения и ликвидации чрезвычайных ситуаций," *Юридическая наука* 1, 2023.

В. А. Куделькин, А. В. Болтовский, А. М. Зайцев, "Проблемы предупреждения ЧС и пути их решения," *Научные сообщения и обзоры* 4, 2018.

В. Н. Поздняков, Г. Д. Хорошавина, "Технологическое сопровождение формиро-вания профессионально-логистической компетентности специалистов сферы государственного материального резерва," *Ученые записки университета имени П. Ф. Лесгафта* 8, 2023.

В. Г. Полевой, А. И. Кузьмин, "Перспективы развития гражданской обороны На данном этапе," *Научные и образовательные проблемы гражданской защиты* 3, 2017.

В. А. Пучков, Стратегия развития МЧС-2030: современные технологии государ-ственного управления в сфере безопасности жизнедеятельности населения. Семинар с руководящим составом МЧС России, Москва: МЧС России, 2015.

Е. А. Вишнякова, М. А. Чекой, Ю. А. Багаев, С. Ю. Николаев, "Аналитический обзор анализ выполнения государственного задания на оказание государственных услуг (выполнение работ) ФГБУ вниипо МЧС России за 2021 год," *Актуальные вопросы пожарной безопасности* 1, 2022.

Е. Ф. Дюжиков, "Роль резервных фондов в ликвидации последствий чрезвычайных ситуаций в России," *Корпоративная экономика* 21, 2020.

П. Ф. Барышев, "О мерах по реализации государственной политики Российской Федерации в области гражданской обороны," *Сборник материалов Всероссийского совещания с руководителями федеральных органов исполнительной власти и органов исполнительной власти субъектов Российской Федерации по проблемам гражданской обороны и защиты населения*, Москва: МЧС России, 2017.

Р. А. Вахрамеев, "Резервный фонд субъекта Российской Федерации: состояние и пути модернизации," *Экономика и Экологический менеджмент* 1, 2024.

Р. Н. Ярахмедова, "Финансово-правовые аспекты функционирования резервных фондов как особой формы формирования и использования финансовых резервов," *Финансовое право* 3, 2019.

С. В. Белов, *Безопасность жизнедеятельности* Москва: Высшая школа, 2014.

Т. Г. Габричидзе, *Основы комплексной многоступенчатой системы безопасности критически важных (потенциально) опасных объектов муниципального и регионального уровней*, Самара: СамНЦ РАН, 2012.

Т. Г. Габричидзе, *Кризис предупреждения чрезвычайных ситуаций и пути его преодоления*, Самара: СамНЦ РАН, 2015.

Abstract

The Report on International Fiscal Development Index was authored by a team of experts led by Lin Guangbin, Chief Expert at the Institute of Finance and Economics at the Central University of Finance and Economics, and the Beijing Research Base of Finance and Economics. The report aims to provide foundational, strategic, and trend-supporting work for enhancing national fiscal governance systems and governance capabilities through international comparative research.

Based on the operational characteristics and patterns of national fiscal activities, the report refines and extracts traditional fiscal research paradigms (revenue, expenditure, balance, and management analysis) to develop a more in-depth analysis. It identifies five key dimensions: fiscal operation, fiscal stability, fiscal equality, fiscal governance, and fiscal potential. These dimensions serve as the primary indicators of the fiscal development index. This new fiscal analysis paradigm is exploratory in nature, with its theoretical foundation being the alignment between fiscal goals and fiscal instruments. The core objectives of fiscal development are categorized into three levels: promoting growth and maintaining stability at the first level, promoting equality and enhancing government efficiency at the second level, and fostering fiscal resources and achieving national strategic goals at the third level. Correspondingly, the fiscal operation index aligns with the goal of promoting growth, the fiscal stability index with maintaining stability, the fiscal equality index with promoting equality, the fiscal governance index with enhancing government efficiency and governance, and the fiscal potential index with fostering fiscal resources and achieving national strategic goals. This classification analysis of fiscal activities, organized by goal-oriented frameworks, ensures that there are no redundancies or major omissions. It also satisfies the need for a logically consistent and easily interpretable structure. Moreover, it aligns with the important guiding principle that "fiscal policies form the foundation and important pillars of national governance, and a scientific fiscal and tax system serves as an institutional safeguard for optimizing resource allocation, maintaining market unity, promoting social fairness, and ensuring long-term national stability."

The report is guided by Chinese fiscal theories while drawing on classical Western fiscal theories. It develops an index system for the international fiscal development index and calculates the fiscal development indices of 15 major countries around the world. The international comparative study of the comprehensive fiscal development index reveals that China's overall fiscal development index score exhibited a downward trend amid fluctuations between 2017 and 2021, ranking between 7th and 11th. The fiscal operation index ranked lower, showing a consistent decline; the fiscal stability index also ranked lower, with a downward trend amid fluctuations; the fiscal equality index ranked mid-level, with a steady and gradual increase; and the fiscal potential index ranked higher, showing an upward trend. The international comparative study of the fiscal independence index shows that China's absolute scale of fiscal revenue and expenditure is the highest, but its per capita level is lower, though growing rapidly. China's small, medium, and large-caliber macro tax burden levels are all relatively low, and have been declining continuously since 2019. China's fiscal Engel coefficient is low, and while the density of social welfare spending is also low, it is growing rapidly. China's fiscal deficit level is relatively high and increasing year by year. Although the country's debt ratio, debt-to-GDP ratio, and debt costs remain low, they are on the rise, with local government hidden debt posing significant risks.

Based on the international comparative study of the fiscal development index, the report concludes that after largely completing the framework for a modern fiscal system, China faces challenges such as a slowdown in the growth of fiscal revenue and expenditure, increasing fiscal deficits and debt risks, and the need for improvement in fiscal system construction. To address these challenges, the report recommends that China optimize the structure of fiscal revenue and expenditure to

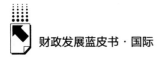

improve efficiency, establish a scientific and quantifiable fiscal risk early warning mechanism, and improve fiscal system construction to enhance fiscal governance.

Keywords: Fiscal Development Index; International Comparison; Comprehensive Index; Independence Index

Contents

I General Report

Abstract: Based on the construction of an index system for the international fiscal development index, this report utilizes data from publicly available international organization databases to calculate the fiscal development indices of 15 major countries worldwide. It then conducts an international comparative analysis based on both the comprehensive index and the independence index. The international comparative study of the fiscal development index reveals that China currently faces, and will continue to face, key challenges such as a slowdown in the growth of fiscal revenue and expenditure, increasing fiscal deficits and debt risks, and inadequacies in the construction of its fiscal system. In response to these challenges, the report proposes reform measures and recommendations for China, including optimizing the structure of fiscal revenue and expenditure to improve efficiency, establishing a scientific and quantifiable fiscal risk early warning mechanism, and improving fiscal system construction to enhance governance levels.

Keywords: Fiscal Development Index; International Comparison; Comprehensive Index; Independence Index

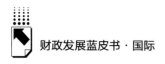
II Index Reports

B.2 International Comparison of Comprehensive Fiscal

Development Index   *Ning Jing*, *Lin Guangbin* / 035

Abstract: Based on the index system of the Comprehensive Fiscal Development Index, this report uses publicly available data from international databases to calculate the scores and rankings of various indicators of fiscal development for 15 countries. After conducting horizontal and vertical comparisons of the scores and rankings of each indicator across these countries, the report concludes that, among the selected 15 countries, China's comprehensive fiscal development index ranked in the lower middle range between 2017 and 2021, fluctuating around 9th place. The fiscal operation index saw the most significant decline, dropping from 3rd place initially to last place. While the fiscal stability index remained relatively stable, its ranking was still toward the lower end. The fiscal equality index consistently stayed at a mid-level, while the fiscal potential index performed relatively well, showing a noticeable upward trend. Due to the impact of the COVID-19 pandemic, the Chinese government bore substantial fiscal pressure in its efforts to safeguard people's livelihoods, causing several index scores to decline to varying degrees during the pandemic. However, the fiscal potential index remained relatively high, indicating that China's fiscal outlook holds potential for improvement in the future.

Keywords: Fiscal Development; Comprehensive Index; International Comparison

Abstract: This paper, based on the indicator system of the fiscal independence index and incorporating current fiscal hot topics, constructs several representative independence indicators to conduct a comparative study of 15 major countries. Through this comparative analysis, the paper finds that China's small-caliber macro tax burden level is relatively low and has been decreasing annually, although the medium-and large-caliber macro tax burden levels are relatively higher. Among the 15 countries, China's Fiscal Engel's Coefficient is the lowest, and its social welfare spending density is relatively low. Due to the impact of the COVID-19 pandemic, China's fiscal deficit risks cannot be ignored. Compared with other countries, China's fiscal self-sufficiency level is lower, though its social security fund budget self-sufficiency rate is relatively high. While China's government debt level and debt costs are low, caution is advised regarding the high level of local government urban investment bonds, the limited liquidity of financial assets, and rising debt costs.

Keywords: Fiscal Development; Independence Index; International Comparison

Ⅲ　Special Reports

Abstract: In the context of accelerating changes in the global landscape, the international tax reform centered around the "two-pillar" solution is advancing rapidly. Recognizing and adapting to these changes in a timely and scientific manner is crucial for China, as it is currently accelerating the construction of a new development paradigm. This paper outlines the main content and latest

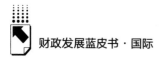

developments of the "two-pillar" framework, summarizes the trends and actions of the main participating countries, and comprehensively reviews the assessment results of the impact of the "two-pillar" framework at the national level from both tax and investment perspectives. Additionally, the paper introduces the United Nations' proposed international tax reform plan. Based on this analysis, the paper proposes a basic direction for China's response to international tax reforms: In the digital economy era, China should actively participate in reshaping international tax rules, develop a competitive domestic tax system, and promote the establishment of a fairer and more transparent international tax governance system.

Keywords: International Tax; Digital Economy; Two-Pillar

B.5 Study on the Emergency Fiscal Management System in Russia

Tong Wei, Qi Feng / 176

Abstract: Providing government support for emergencies, offering fiscal funding for emergency prevention and response, and establishing and utilizing fiscal reserves and material resources to address emergencies are the main tasks of Russia's emergency fiscal management. In response to the sudden COVID-19 pandemic, Russia's emergency fiscal management and material support mechanisms played an active role in protecting public health, maintaining social security and stability, and promoting economic recovery.

Keywords: Russia; Emergency Management; Financial Management

社会科学文献出版社

皮书

智库成果出版与传播平台

❖ 皮书定义 ❖

皮书是对中国与世界发展状况和热点问题进行年度监测，以专业的角度、专家的视野和实证研究方法，针对某一领域或区域现状与发展态势展开分析和预测，具备前沿性、原创性、实证性、连续性、时效性等特点的公开出版物，由一系列权威研究报告组成。

❖ 皮书作者 ❖

皮书系列报告作者以国内外一流研究机构、知名高校等重点智库的研究人员为主，多为相关领域一流专家学者，他们的观点代表了当下学界对中国与世界的现实和未来最高水平的解读与分析。

❖ 皮书荣誉 ❖

皮书作为中国社会科学院基础理论研究与应用对策研究融合发展的代表性成果，不仅是哲学社会科学工作者服务中国特色社会主义现代化建设的重要成果，更是助力中国特色新型智库建设、构建中国特色哲学社会科学"三大体系"的重要平台。皮书系列先后被列入"十二五""十三五""十四五"时期国家重点出版物出版专项规划项目；自 2013 年起，重点皮书被列入中国社会科学院国家哲学社会科学创新工程项目。

皮书网

（网址：www.pishu.cn）

发布皮书研创资讯，传播皮书精彩内容
引领皮书出版潮流，打造皮书服务平台

栏目设置

◆ 关于皮书

何谓皮书、皮书分类、皮书大事记、
皮书荣誉、皮书出版第一人、皮书编辑部

◆ 最新资讯

通知公告、新闻动态、媒体聚焦、
网站专题、视频直播、下载专区

◆ 皮书研创

皮书规范、皮书出版、
皮书研究、研创团队

◆ 皮书评奖评价

指标体系、皮书评价、皮书评奖

所获荣誉

◆ 2008年、2011年、2014年，皮书网均
在全国新闻出版业网站荣誉评选中获得
"最具商业价值网站"称号；

◆ 2012年，获得"出版业网站百强"称号。

网库合一

2014年，皮书网与皮书数据库端口合
一，实现资源共享，搭建智库成果融合创
新平台。

皮书网

"皮书说"
微信公众号

权威报告·连续出版·独家资源

皮书数据库
ANNUAL REPORT(YEARBOOK) DATABASE

分析解读当下中国发展变迁的高端智库平台

所获荣誉

- 2022年，入选技术赋能"新闻+"推荐案例
- 2020年，入选全国新闻出版深度融合发展创新案例
- 2019年，入选国家新闻出版署数字出版精品遴选推荐计划
- 2016年，入选"十三五"国家重点电子出版物出版规划骨干工程
- 2013年，荣获"中国出版政府奖·网络出版物奖"提名奖

皮书数据库

"社科数托邦"
微信公众号

成为用户

　　登录网址www.pishu.com.cn访问皮书数据库网站或下载皮书数据库APP，通过手机号码验证或邮箱验证即可成为皮书数据库用户。

用户福利

- 已注册用户购书后可免费获赠100元皮书数据库充值卡。刮开充值卡涂层获取充值密码，登录并进入"会员中心"—"在线充值"—"充值卡充值"，充值成功即可购买和查看数据库内容。
- 用户福利最终解释权归社会科学文献出版社所有。

数据库服务热线：010-59367265
数据库服务QQ：2475522410
数据库服务邮箱：database@ssap.cn
图书销售热线：010-59367070/7028
图书服务QQ：1265056568
图书服务邮箱：duzhe@ssap.cn

社会科学文献出版社 皮书系列
SOCIAL SCIENCES ACADEMIC PRESS (CHINA)
卡号：176345638116
密码：

S 基本子库
SUB DATABASE

中国社会发展数据库（下设 12 个专题子库）

紧扣人口、政治、外交、法律、教育、医疗卫生、资源环境等 12 个社会发展领域的前沿和热点，全面整合专业著作、智库报告、学术资讯、调研数据等类型资源，帮助用户追踪中国社会发展动态、研究社会发展战略与政策、了解社会热点问题、分析社会发展趋势。

中国经济发展数据库（下设 12 专题子库）

内容涵盖宏观经济、产业经济、工业经济、农业经济、财政金融、房地产经济、城市经济、商业贸易等 12 个重点经济领域，为把握经济运行态势、洞察经济发展规律、研判经济发展趋势、进行经济调控决策提供参考和依据。

中国行业发展数据库（下设 17 个专题子库）

以中国国民经济行业分类为依据，覆盖金融业、旅游业、交通运输业、能源矿产业、制造业等 100 多个行业，跟踪分析国民经济相关行业市场运行状况和政策导向，汇集行业发展前沿资讯，为投资、从业及各种经济决策提供理论支撑和实践指导。

中国区域发展数据库（下设 4 个专题子库）

对中国特定区域内的经济、社会、文化等领域现状与发展情况进行深度分析和预测，涉及省级行政区、城市群、城市、农村等不同维度，研究层级至县及县以下行政区，为学者研究地方经济社会宏观态势、经验模式、发展案例提供支撑，为地方政府决策提供参考。

中国文化传媒数据库（下设 18 个专题子库）

内容覆盖文化产业、新闻传播、电影娱乐、文学艺术、群众文化、图书情报等 18 个重点研究领域，聚焦文化传媒领域发展前沿、热点话题、行业实践，服务用户的教学科研、文化投资、企业规划等需要。

世界经济与国际关系数据库（下设 6 个专题子库）

整合世界经济、国际政治、世界文化与科技、全球性问题、国际组织与国际法、区域研究 6 大领域研究成果，对世界经济形势、国际形势进行连续性深度分析，对年度热点问题进行专题解读，为研判全球发展趋势提供事实和数据支持。

法律声明

“皮书系列”（含蓝皮书、绿皮书、黄皮书）之品牌由社会科学文献出版社最早使用并持续至今，现已被中国图书行业所熟知。“皮书系列”的相关商标已在国家商标管理部门商标局注册，包括但不限于LOGO（▨）、皮书、Pishu、经济蓝皮书、社会蓝皮书等。“皮书系列”图书的注册商标专用权及封面设计、版式设计的著作权均为社会科学文献出版社所有。未经社会科学文献出版社书面授权许可，任何使用与“皮书系列”图书注册商标、封面设计、版式设计相同或者近似的文字、图形或其组合的行为均系侵权行为。

经作者授权，本书的专有出版权及信息网络传播权等为社会科学文献出版社享有。未经社会科学文献出版社书面授权许可，任何就本书内容的复制、发行或以数字形式进行网络传播的行为均系侵权行为。

社会科学文献出版社将通过法律途径追究上述侵权行为的法律责任，维护自身合法权益。

欢迎社会各界人士对侵犯社会科学文献出版社上述权利的侵权行为进行举报。电话：010-59367121，电子邮箱：fawubu@ssap.cn。

社会科学文献出版社